文学素养视域下的大学英语教学研究

罗楚云 ◎ 著

吉林出版集团股份有限公司

图书在版编目（CIP）数据

文学素养视域下的大学英语教学研究 / 罗楚云著
. — 长春：吉林出版集团股份有限公司，2023.9
ISBN 978-7-5731-4326-6

Ⅰ．①文… Ⅱ．①罗… Ⅲ．①英语－教学研究－高等学校 Ⅳ．①H319.3

中国国家版本馆CIP数据核字（2023）第182066号

文学素养视域下的大学英语教学研究
WENXUE SUYANG SHIYUXIA DE DAXUE YINGYU JIAOXUE YANJIU

作　　者	罗楚云
责任编辑	曲珊珊
封面设计	林　吉
开　　本	787mm×1092mm　　1/16
字　　数	220千
印　　张	14
版　　次	2023年9月第1版
印　　次	2024年1月第1次印刷
出版发行	吉林出版集团股份有限公司
电　　话	总编办：010-63109269
	发行部：010-63109269
印　　刷	廊坊市广阳区九洲印刷厂

ISBN 978-7-5731-4326-6　　　　　　　　　　　定价：78.00元
版权所有　侵权必究

前　言

　　传统的大学英语教育教学普遍存在只重视英语学科知识的传播，而忽略了对大学生的英语文学素养进行培养的现象。本书提出了课堂教学过程中对学生英语文学素养培养的理念，通过课外自主学习法培养学生的英语文学素养，利用第二课堂活动有效培养学生的英语文学素养的具体方法。

　　很多学者普遍认为，想要学生对外国文化背景进行了解，必须先让学生接触外国的文学作品，使其生活视野得到拓展，语言结构得到进一步的优化，这些都有利于对其文化素养的培养，因此大学生英语文学素养的培养很有必要。在进行语言学习的时候，只有大量的输入，才能够正确地对其语言进行输出，其中文学语言更是其语言中的精华所在，不但包括最高雅的书面语，同时也包括最通俗的口头语，因此可以说英美文学就是为学生所提供的一个有效的语言模仿样本和学习环境。

　　通过对英美文学的学习，不但可以对学生的词汇学习进行补充，同时还可以在这一具体的语境下，使学生的语感得到增强，从而使学生的英语实际应用能力有所提高。

　　由于作者水平有限，加之时间仓促，书中不足之处在所难免，恳请各位读者、专家不吝赐教。

作者

目 录

第一章 英语文学素养概述 1
 第一节 培养文学素养 1
 第二节 渗透情感教育 21
 第三节 跨文化意识培养 34

第二章 英语文学素养的应用 53
 第一节 英语文学在教学中的重要性 53
 第二节 英语文学的教学方法及策略 74

第三章 大学英语教学的基本理论 102
 第一节 大学英语教学的特点及策略 102
 第二节 大学英语教学的现状与反思 107
 第三节 大学英语教学科学化改革的思路 115
 第四节 大学英语教学中课程思政的体现 118
 第五节 合作原则对大学英语教学的启示 128
 第六节 有机教育与大学英语教学 133

第四章 英语文学与语言的关系 138
 第一节 英语文学中的语言艺术研究 138
 第二节 正确认识英语文学翻译中的文化差异 151
 第三节 英语文学作品中的修辞运用 174

第五章 大学英语教学方法的创新研究 196
 第一节 应用现代教育技术转变大学英语教学方法 196
 第二节 促进翻转课堂运用于大学英语教学的方法 200

第三节　基于项目驱动教学理念的大学英语教学方法……………………204

　　第四节　基于思辨能力培养的大学英语教学方法…………………………207

　　第五节　思想政治教育融入大学英语教学的方法…………………………210

参考文献……………………………………………………………………………214

第一章　英语文学素养概述

第一节　培养文学素养

随着全球化经济的发展，我们对学生英语语言应用能力的要求逐步提高，应用型人才培养模式成为时代潮流，然而却鲜有提及学生文学素养的培养。高校英语教学更多的是侧重于语言知识的传授和语言技能的培养，完全忽视了文学教育在高校英语教学实践中的积极作用。长期接受语言技能训练的学生，语法功底扎实、语言技能娴熟，却不能真正理解地道的英语；他们口语交流流畅，写作时却无任何文体意识，更谈不上文学美感。很多学生缺乏作为沟通基础的基本文学素养，不能灵活地运用英语进行跨文化交际，最终无法实现有效交流。所以，在高校英语教学中兼顾学生语言应用能力培养和文化素质提升乃是实际需要、大势所趋。

文学是语言的艺术，语言是文学特殊的媒介和表现工具。文学以语言文字为工具，借助各种修辞以及表现手法形象化地反映客观现实。作为语言文字的艺术，文学在社会生活中发挥着不可或缺的重要作用。文学素养的培养也就是文学审美教育作用的彰显，这种审美功能也就是指文学作品的艺术感染力。作品通过艺术的描写手法，创造出完美的艺术形象，表达出真挚的情感、深邃的思想，从而感动人心，给人一种赏心悦目的愉悦感。学生长期沉浸在优秀文学作品中，受其熏陶和浸染，文学素养就会日渐形成。

高校英语教学的目标是培养英语语言功底扎实、综合素质全面、交际能力强的学习者，而文学教育的开展对其有着极大的促进作用。文学涉猎的题材比较广泛，在表达思想、反映生活方面的价值是任何其他方面学习所无法取代的。学生阅读不同国家、不同民族的文学作品，可以了解不同社会、不同民族的原貌，沟通人们的思想感情，探知不同民族文化精神生活的演变。文学促进了不同文化之间的相互了解，帮助他们陶冶情操、开阔视野、认识人生、丰富精神文化生活。从这一角度来看，以英语语言为学习对象的英语学习，是对英语语言文学和英语语言社会的深刻领悟。在英语学习过程中，学生以英语语言作为他们求知探索的重要工具，接触国外文学作品，体味这种语言所承载的西方文明，吸取中外文化知识的精髓更好地融入世界，实现有效的沟通和交流。

高校英语专业基础课教材中的课文均选自英语原版材料，每一课都是优秀的文学作品，体裁多样、语言优美、文化底蕴深厚，为培养学生深厚的文学素养提供了良好的契机。然而，由于时间的局限和文学教育意识淡薄，填鸭式的课堂教学模式依然存在，因而向学生灌输词汇、语法、修辞知识仍是常态，逐句分析讲解课文仍是主流，文学的饕餮盛宴变成了枯燥乏味的布道传说。一节课下来，文章已被肢解得七零八落，学生仅仅掌握一些支离破碎的基础知识，对整篇课文仅仅停留在句子理解的层面上。这种"只见树木，不见森林"的教学模式，让学生对课文很难有整体把握，对课文在人物形象、语言、艺术技巧等方面的特色更是无从谈起。尽管大学生对中外文学及中西文化十分喜爱，但是却连最基本的文学常识都不具备，文学素养十分匮乏。

高校英语教学中文学教育的开展，首先有赖于教师文学教学信念的树立和文学教育意识的建立。教师树立坚定的文学教学信念能够有效促进学生在课堂实践中进行文学方面内容的学习。当高校英语课堂扔掉照本宣科的旧例，从审美怡情、明心见性的角度引导学生欣赏英语语言文字传达的文学之美时，高校英语课堂就变成了一场文学欣赏的饕餮盛宴。在这一过程中，高校教师应不断发展自己，有意识地去提高自身的文化素质和文学修养，以期更加有效地培养学生的文学素养。而且当课堂教学实践的效果与教师文学教学信念不一致时，教师应该积极进行教学反思，认真修订和完善自己的教学信念，并和学生的期望达到完美的结合。

高校英语教学中的文学教育，可以以课堂教学为依托，从文学理论的高度灵活运用启发式、探究式、讨论式和参与式教学方法，理解每一篇课文的文学性，并充分借助现行教材中的文学性课文，指导学生去感受文学形象，品味文学作品的语言和艺术技巧的表现力，以培养学生对文学的浓厚兴趣和鉴赏能力，实现文学教育的根本目的。同时，教师也可以有意识地选取具有代表性的文学作品，通过对作品的分析，使学生学会阅读文学作品，增强他们对文学各种修辞手段、意象和典故的敏感性，增加他们对文学各种文类、文学各种表现手法的认知，提高他们文学作品的欣赏水平和鉴赏能力。

传统的灌输式或填鸭式教学泯灭了学生的学习兴趣，扼杀了学生的创造力，埋没了学生的发展潜力。教师导入新课，介绍作者及其作品，教师精讲重点字、词、句、段，让学生熟悉课文，分析文章结构，厘清课文线索，把握故事情节，熟悉课文中的人物形象。这种教学设计教法简单、操作方便，充分发挥教师的主导作用。但是，这种以教师为中心的教学模式全部设计都是围绕教师如何"教"而展开，而忽视学生如何"学"的问题。学生基本处于被动接受状态，很少参与教学活动，难以发挥主动性和积极性，不利于创新性思维的培养和使用。

以培养文学素养为依托的新型教学模式以学生为中心，注重学生的参与，发挥学生学习的主观能动性，革除了传统的以教师为中心的满堂灌的"填鸭式"模式，灵活运用启发式、探究式、讨论式和参与式教学，开拓学生创新思维。在课堂教学过程中，教师为学生提供更多的自由空间，灵活运用参与式教学，调动学生学习文学性材料的积极性，激发学生内在的学习动力，营造独立思考、自由探索、勇于创新的良好学习环境，有利于培养社会需要的创新型人才。

引导学生进行研究性学习，培养学生文化思维和文学意识。在高校英语教学中，学生探究性学习，一方面体现学生对课文进行主体创造性阅读，对课文的人物、主题、言语形式等审美因素进行探究，在自由思维的天地里获得不同的见解，从而激发学生的想象力与创造力并最终获得创造性批判素质的过程；另一方面决定在教学过程中学生不是被动接受而是主动探索，因而又体现了一种自主性。对课文做主体性充分自由的阅读，既符合人的个性化发展规律和个性化教育的要求，又为学生形成独创性见解和创造性批判素质提供了先决条件。

当高校英语课堂教学中文学素养培养和英语语言应用能力的培养浑然一体时，英语教学就成为师生文学欣赏课程。这一过程就是一种无形的渗透：学生不知不觉地获得文学审美评价能力，从而在潜移默化之中影响他们的思想和精神面貌，陶冶他们的性情，美化他们的心灵。当然，文学教育并非仅仅限于英语课堂教学之中，而应该渗透到学生的学习生活之中。也就是使学生通过英语课堂学习，养成良好的文学学习习惯，摒弃顽固僵化的定式思维，发展革故鼎新的发散思维。除了在课堂有限的时间内师生共同赏析文学材料外，在课堂之外，学生还可以通过研究性学习方式，能够融会贯通、举一反三。选取自己英美文学学习的兴趣点，进行广泛且深入的阅读，获得个人体验。长此以往，学生就会建立起文学意识，这一良好的学习习惯也必将让学生们受益终身、惠及其他。

评价体系和学习效果长效检查机制的建立能激发学生学习的积极性和创造性，促使学生不断地去探索和思考，从而帮助学生养成良好的学习习惯，达到培养学生人文素养和提高语言应用能力的目的。传统教学以"教"为主，教师全面灌输，学生被动接受，考试的结果就是学生知识评价系统的全部。随着高校英语网络课程的开设和英美文学内容的融入，传统的测试评价体系也需要进行相应的改变和调整。对学生的测评应采取多维度的过程性评价，既包含对知识体系的测试，也包含对英美文学阅读的测评，教师可以在平时成绩中加入英美文学读后感写作、诗歌朗诵、戏剧表演等课堂和课后作业。另外，也可以利用现代网络技术，构建文学阅读检验检测平台，建立长效的文学作品阅读效果检查机制和文学素养培养方案，使阅读效果检查常态化和规范化。

高校英语教材课文较多选自长盛不衰的文学经典，体裁多样、内容丰富、包罗万象，为教师进行文学教育、培养学生的文学素养提供了优质素材。因此，在高校英语教学中教师要树立坚定的文学教育信念，善于挖掘课文中的文学元素，不失时机地对学生进行文学养成教育，提升学生文学修养，培育体魄健康、情感丰富、精神高尚的人。然而，文学素养是一种内在的、综合的文学欣赏和创作素质，它的培养并非一蹴而就的，而是一个循序渐进、逐渐积累的过程。

在物质文明高度发达的现代社会，人们的心态越来越浮躁，盲目地追求时尚、疏于思考、缺乏沉淀，校园里的学生也深受感染，无法静下心来踏实地做学问，高校大学生文学素养缺失现象日益严重。要从根本上改变高校这种令人担忧的现状，需要教师坚定文学教学，注重提升教师自身文学素养。高校英语教学要立足文学教育的积极推动作用，兼顾培养学生语言应用能力和提高文化素质的功能，倡导从课堂内参式教学方法的运用、课堂外学生自主学习模式的创设以及文学作品阅读课程评价机制的构建等方面，将文学教育融入高校英语课堂，以期助推高校英语教学改革的良性发展。

大学英语教学对高校学生的培养具有重要意义。纵观我国的大学英语教学可以发现，大学英语教学多年来一直着重于语言基础技能训练，学生在四、六级考试中能获得很好的分数，却"依然缺乏基本的文学素养，不具备灵活运用英语进行跨文化交际的能力"。近年来，大学英语教育界也越来越认识到大学英语教学中要兼顾工具性和人文性。张中载曾指出："在教学中只强调工具性，带来不少弊病。学外语学出来的人，首先应该是个文化人，如果对本土文化和所学语言国家的文化知之甚少，那将是笑话。"

在万方数据库输入"大学英语"和"文学素养"关键词进行检索，得出275篇相关论文，对这些论文进行筛选，同时满足"大学英语"和"文学素养"这两个条件的论文有16篇。从内容来看，有3篇论文是关于问卷调查的研究，另外13篇论文主要从以下三个方面进行了探讨：一是概述大学英语教学的现状和问题或论述文学、文学素养和大学英语教学的关系；二是从文学素养对大学英语教学的作用方面进行论证；三是研究在大学英语教学中如何进行文学素养培养，即策略研究。现有的研究有的涉及上述三个方面的一个，比如说谢芸和包桂影在《大学英语教学如何提高学生人文素养》中阐释了从美学意识、文学熏陶方面来提高学生的文学素养；大部分研究涉及上述三个方面的两个，比方说陈彦茹的《大学生英语文学素养培养的策略研究》和王孝会的《学生英语文学素养在大学英语教学中的培养》论述了文学素养对大学英语教学的作用和如何在大学英语教学中进行文学素养培养；还有一些研究则包括上述三个方面，例如傅丽、李真和何东撰写的《英语文学作品与大学生人文素养的塑造》，刘江华和谭素雅合撰的《大学英语教学与大学生英语文学素养的培养策略研究》，不但研究了在大学英语教学中进行文学素养培养的原因，而且还研究了文学素养培养的作用和策略。

"在文学研究领域，文学文本的传统称谓是'文学作品'。"文学文本的类别分为诗歌文本、散文文本、小说文本和戏剧文本。本研究借用这种观点，即文学文本就是文学作品，它可以是一部完整的文学作品，也可以是文学作品的一部分或节选。"文学素养作为人文素质的核心……是一个人所具备的内在的综合素质，文学素养的培养与提高是文学知识的日积月累及欣赏水平和审美情趣逐渐提升的过程，具有渗透性、感染性、多元性和发展性的特点。"毫无疑问，文学素养和文学文本有着密切的联系，两者相辅相成；文学文本对文学素养的培养具有不可替代的作用。没有文学文本的积累，就没有文学素养的提高。

教材，是教学大纲的体现，对教学具有导向作用。它是大学英语教师完成教学目标的基本工具、开展课堂教学的主要内容、组织教学活动的重要依据。对学生而言，"最直接的英语学习材料就是英语教材，故大学英语教材的作用不可小觑"。

笔者教学多年的大学英语教材是《新视野大学英语》系列教程和《21世纪大学英语》系列教程。这两套教材是我国的第四代大学英语教材，与前面的三代大学英语教材相比，这两套教材更具时代性、技术性，都自带光盘，其中《新视野大学英语》系列教程还带有在线学习平台。不可否认，我国现有的大学英语教材都是非常优秀的，内容丰富、体裁多样，在技术上能与计算机和网络技术加以整合。由于教材编写的理念、原则不同，因而每套教材编写的侧重点也不同。以《新视野大学英语》系列教程和《21世纪大学英语》系列教程的读写教程为例：《新视野大学英语读写教程》共有四册，每册十个单元，每一个单元一个主题，每个单元有A、B两篇课文；《21世纪大学英语读写教程》共有四册，每册八个单元，每一个单元一个主题，每个单元有A、B、C三篇课文。对这两套教材的1～4册读写教程共174篇课文进行梳理后发现，大多数课文都侧重于信息性、趣味性和实用性；这么多课文中，竟然没有一篇文章取材于经典的英美文学作品。也就是说，这两套大学英语读写教程没有采纳文学文本。事实上，不仅仅是这两套大学英语教材"忽略"了文学文本，目前市场上的大学英语教材基本上都没有或者甚少有文学文本的一席之地。

在课程改革方面，陈琳提出"淡化学科界限，增进各学科之间的知识和方法上的联系"。英语和汉语两者之间应有许多共同之处，也应有许多共同的教学、学习方法可以借鉴。我国语文教学有悠久的历史和丰富的经验，在语文教学和文学文本的融合上为英语教学提供了良好的榜样。同样作为语言课程的大学英语一样可以运用文学文本来教导学生学习英语。"许多国外学者认为，语言教学应以文学为主要教材。实际上，中国的汉语教学就是以文学为主要教材的，外国语言教学就更应该如此了。"2002年，王守仁在全国大学英语教学教师暑期研修班所做学术报告《英美文学与英语教育》中提道："英美文学教学与大学英语教学并不矛盾，可以相辅相成。加强英美文学教学，有助于改进我国英语教育，培养高素质人才。"鉴于大学英语并非英语专业的课程，在文学文本的采纳上，要考虑学生的词汇量。具体来说，在大学英语教材中纳入文学文本，以提高文学素养的培养，可以从以下几个方面着手。

一是在读写教程中增大经典英美文学作品（节选）的比重。目前，读写教程是每个非英语专业大学生都要学习的教材。在读写教程中增大经典英美文学作品（节选）的比重，能确保每一个学生都有机会接受文学的熏陶。在经典英美文学的选材上，应该让诗歌、散文、小说和戏剧都适当地占有一定的比例。

二是在读写教程中增加蕴含中国文化的中国经典文学的英译本或英译本节选。在现有的大学英语教材中，看不到任何一部中国经典文学的英译本或英译本节选。中国的文学宝库明星璀璨，很多优秀的文学作品包含中国文化的方方面面。我们国家的很多优秀文学作品被翻译成各国语言，传播到了世界各地。这些包含了中国文化的经典文学的英译本或英译本节选，如果被纳入大学英语教材，中国学生不仅知道怎样用英语介绍中国文化进行跨文化交流，而且还能提升文学素养，更能体会英汉两种语言的差异和美感。

三是将英美文学纳入通识教育类英语。我国大学英语课程基本上可以分为三个类别：普通英语（通用英语）、专门用途英语和通识教育类英语。"通识类英语课程旨在实现《大学英语课程教学要求》确定的教学目标中关于'提高综合文化素养'的要求。根据《欧洲共同语言参照框架：学习、教学、评价》，语言教学的目的之一是'对其他国家的生活方式、思维形式、文化遗产有更为广泛和深刻的理解'。大学英语教学应帮助学生了解西方文明、思维方式、生活习惯，以批判性眼光看待西方文化及核心价值，熟悉中外文化异同，培养跨文化交际能力，否则，就无法达到'用英语有效地进行交际'的目标。"文学作品反映了一定历史时期的政治、经济和文化，反映社会的风尚和习俗。因此，非常有必要将英美文学纳入通识教育类英语，以实现大学英语课程目标。

在大学英语教学中，应该在大学英语读写教程中增大经典英美文学作品（节选）的比重，增加蕴含中国文化的中国经典文学的英译本或英译本节选，应该将英美文学纳入通识教育类英语课程内容，以培养学生的文学素养。

新时期背景下，社会的人才需求体现出全面性和综合性的特点，要求具备良好的综合素质。大学英语是我国高等教育的重要课程，在教学中应注重学生英美文学素养的培养，加强各方面能力的提升。英美文学素养是立足于英美文学阅读基础上的能力提升，包括文化素养、语言能力、心理素质等内容，因此，文学素养的培养越来越受到广大教师的重视。本节将对培养大学生英美文学素养的必要性进行研究，并探讨详细的教学策略。

一、培养学生英美文学素养的必要性

大学英语教学的目的不仅要求学生能够在工作和社交中流畅地用英语进行交

流，培养学生的英语应用能力，而且要求提高学生的综合文化素养，增强自学能力，从而能够适应未来社会的发展要求。要达到上述目标就要求教师在授课的过程中，不能仅仅注重听说读写的训练，因为技能简单的相加不等于综合运用能力，而且从某种意义上来讲，综合运用能力应当接近包含听说读写在内的文化素养。

（一）增强学生的文化感知

语言与文化是一体的，任何一方都无法独立存在。语言是文化的载体，文学学习是一种快速掌握文化知识的学习方法。大量阅读西方的文学作品，了解西方文化的价值取向、思维方式以及评判视角等多方面的意识形态，能够包容、理解、尊重不同文化的学生，才是能够走向国际的人才。

（二）增强学生的英语综合能力

语言的学习十分重视积累，只有积累达到一定的程度才能正确地、灵活地进行语言输出。而文化的学习可以仿效语言的学习。大量的阅读可以增强学生的语感，同时增加词汇量，并且还可以提升其语言的实际运用能力。The best way to learn English is to use it，在英语学习的过程中，学生要注意在学习和生活中经常使用英语，只有在实际运用中才能使学生快速掌握英语知识，加深对文章的理解，发现文章中的美，体会作者的情感，进而提升学生的文学素养。

（三）加强学生审美能力和人文素养的培养

通过阅读体会不同的文学文体和语言风格，学习是从表层逐渐加深的过程，最后达到提高学生文学修养和审美水平的目的。大学英语的显著特征是具有丰富的人文性，具体表现在大多数西方著作中，无论是词的选择、句型的结构、文章的布局还是修辞手法、节奏韵律等都蕴含着丰富的情感，很多优美的文章都体现了人类情感的真善美。通过教材提高学生的文学能力，培养学生积极向上的情感，使其身心得到全面的发展。

大学教师在授课过程中应当向学生展示英美文学的魅力，采用正确的方式进行英美文学作品的教学，在文学学习方法上，鼓励学生打破常规、大胆创新，这样不但可以开阔学生的视野、提高学生的学习兴趣，而且对于活跃学生的思维和提升学生的文学素养方面具有重要作用，使他们能够在未来激烈的世界竞争中占有一席之地。

二、培养学生英美文学素养的途径

（一）充分利用英语课堂教学

通过课堂授课培养大学生英美文学素养是广大一线教师的首选途径。大学生学习的英语教材都是经过教育部教材编纂的、专业教师精心挑选的，因此每一篇课文都具有很好的文学性，教师要充分利用教材进行教学，切实发挥教材的作用。因为非英语专业的学生面对英美文学作品时无法做到深层理解，所以西方文学作品的学习要以阅读和欣赏为主，在其他方面如文学学习的连贯性、系统性以及理论性等方面不必强求，让学生学习英美文学的目的是能够体验和感悟英美文学的美感。教师在课堂教学的过程中，要充分调动学生的主观能动性，活跃学生的思维，激发学生学习的积极性，化被动为主动，提高学习效率，保证课堂教学的有效性。

（二）利用网络式教学模式

传统的填鸭式教学以教师授课为主，忽视了学生的主观能动性，学生只是被动地接受知识，丧失了学习的兴趣。网络式的教学模式主要采用多媒体和信息网络教学，教学的内容不再局限于课本，还包括多媒体课件、音像资料、网络资源等。这种教学方式不但能够锻炼学生的语言，而且生动的教学画面使学生对文学作品记忆深刻，将对英美文学作品学习的重心放在体验和感悟方面，使学生快乐地遨游在丰富多彩的文学世界。同时鼓励学生大胆创新,发挥其主观能动性,培养学生的独立思考能力,从而对文学产生兴趣,提升学生的素养。

(三)课内外进行师生互动

实践表明,大多数学生对课堂学习缺乏主动性,因此课堂教学应当发挥学生的主体作用,提高学生的自学能力,调动学生学习的自主性;同时教师要对课堂活动的形式进行改变,通过讨论、辩论等形式让学生感受英美文学的内涵。让学生在课下收集相关的资料并进行分析,再到课堂上进行讨论,将文学能力的培养延伸到课外。丰富的课外活动为文学能力的培养提供了广阔的空间,观看英美电影,如《音乐之声》《律政俏佳人》《一个购物狂的自白》等;收听英语广播,如《中国之声》《英语晚会》等;进行英文诗歌朗诵和歌唱比赛;排练英文话剧,如《礼物》《苏珊和凯茜》等;组织英语文学社等。学生利用课余时间参与这些活动能够提高学生的英美文学素养。

(四)做好课前资料的收集工作

兴趣是最好的老师,教师可以利用这一点调动学生学习的积极性和主动性。教师要做好课前准备工作,可以事先设计一些问题让学生表达自己的看法和见解。例如:学习英语课文时,曾经有一课讲到莎士比亚的名言,教师可以围绕名言的出处、背景、相关文学知识等方面进行提问,让学生动手收集资料并解决问题。通过提问让学生产生好奇心,激发学生探索的兴趣,点燃学生的学习热情,让学生在实践中学习,提升文学素养;同时还可以鼓励学生收集一些类似的外国名人名言,例如:God helps those help themselves. 天助自助者。Trouble is only opportunity in work clothes. 困难只是穿上工作服的机遇。In this world there is always danger for those who are afraid of it. 对于害怕危险的人来说,无论怎样这个世界总是危险的。

（五）延伸课外阅读活动

教师在课堂教学的过程中除了完成教学大纲的要求之外，还要选择与主题相关的英美文学作品，延伸阅读活动，提高课堂教学的趣味性，让学生感受到英美文学的魅力。例如，教师在课堂讲解《爱和友谊》这篇课文时，可以让学生收集《当你老了》的相关作品，让学生赏析这些文学作品，感受文学作品的美，陶冶情操的同时扩展知识面。诗歌体裁是最难学习的，因此为了使学生更好地理解诗歌，教师可以将诗歌编成故事或者话剧，然后让学生进行分组表演，同时可以使用道具加以辅助，使诗歌更加形象生动地展现出来，让学生身临其境，加深对诗歌的理解。这种教学方式既能保证课堂教学的效果，又能提高学生的学习效率，让学生更快地走进英美文学的世界，提升学生的文学素养。

（六）加强课外学习的自主性

课堂学习的时间毕竟是有限的，丰富的课外时间为学生文学素养的培养提供了可能。例如：利用晚自习或者课余时间组织学生观看英语电影，电影结束以后要用英语对电影的情节、精彩片段、心得体会、对话进行总结，并以书面的形式将报告交给教师评阅，教师在评阅以后要指出报告的优缺点，并帮助学生进行改正。多方面评价学生，对于表现优秀的学生要增加其自信心对其进行表扬；对于表现不好的学生要鼓励其不要灰心，再接再厉。这种方式在检查学生理解程度的同时，又提升了学生的认知水平，培养学生的语言表达能力和写作能力，可以在故事的思索和感悟中提高学生的文学素养。除此之外，教师还可以鼓励学生阅读一些短篇小说，如《老人与海》《小王子》等。生动有趣的短文在吸引学生阅读兴趣的同时，也为学生留下了想象的空间，并且寓意深刻的短篇小说对学生文学素养的培养有一定的帮助作用。

（七）有效地利用第二课堂活动

丰富课余时间，活跃校园文化，可以开设第二课堂活动。教师在授课的过程中可以将学习的内容与第二课堂结合起来，使学生尽可能多地接触英美文学作品，并且受到英美文学作品的熏陶。例如，组织学生进行诗歌朗诵比赛或话剧表演，这样的学习方式不但丰富了学生的课余时间，而且开阔了学生的视野，拓宽了学生的文学知识。还可以邀请教师进行讲座，讲授一些文学常识，这也是培养学生文学素养的一个好方法。另外，进行电影欣赏也是有效可行的办法。

英语课程开设的目的不仅仅是能够运用英语进行交流和取得高分数，更重要的是扩大学生的知识面，开阔学生的视野，增强学生对世界文化的了解。教师在讲课的过程中不但要完成教学大纲的要求，而且要延伸课外阅读，选择拓展阅读的内容要与学习的主题相关，有效地利用教学资源，激发学生的学习兴趣，发挥学生的主观能动性，化被动为主动，提高学习效率，提升学生的文学素养，保证课堂教学的有效性。

经过义务教育阶段的基础英语学习和大学时期英语选修课的巩固，再加上大学英语四、六级的考证学习，还有雅思、托福等各种留学语言培训学习，学生们已具备基本的英语应用写作和交流能力。但是英语学习的不断巩固和提高，只有这些是远远不够的，应当通过广泛大量地阅读英文原著、经典名著、报纸杂志以补充完善。这样做不只是提高了英语水平，还同时提高了我们的阅读能力和理解能力；最为重要的是开拓了我们的眼界，让我们更好地认识世界，更提高了我们的文学素养，即提高了我们的个人修养和语言表达能力，使得我们能够具备更加深入地分析问题和解决问题的能力。那么，我们应当如何提高这些能力呢？

无论是莎士比亚还是塞林格，无论是儒家还是佛家，无论是孔老夫子还是老庄，

《道德经》也好,《论语》也罢,无论是原著还是集注,无论是《本草纲目》《黄帝内经》,还是西方哲学史、艺术史、音乐史,或者是《曾国藩家书》《傅雷家书》,再或者是《伊索寓言》《格林童话》《汤姆·索亚历险记》《阿拉伯神话》,等等;不管它归为哪一类,中国的、世界的;文学的、哲学的、艺术的;古代的、近代的、现代的;小说、戏剧、诗歌、散文;只要是经典的,我们拿来读就好了。

当我们阅读时,伴随我们的是思考。在思考的过程中我们可能会把原来不完善的知识结构加以完善使它更科学、更完整,也可能把原先认为对的推翻建立新的知识或认知结构,还可能把原来没意识到或者根本就不知道的内容识别出来,存在脑子里,等等。思考的过程本身就是一个认识过程,一个学习过程。通过阅读提高理解能力是阅读的伟大意义所在。古语云:"书中自有颜如玉,书中自有黄金屋。"阅读得多了,自然就知道得多。"读书破万卷,下笔如有神"也是这个道理,读得多了也就会写了。人们常说:学艺之道无他,唯手熟耳。

我们在一开始阅读的时候,主要是积累,看见单词背单词,看见句子分析句子,看见语法查语法。可是到了后来,有了一定的积累,阅读量也上来了,这时我们就要讲究学习方法了。首先,精读和泛读应用于不同的阅读。有时候一些经典段落或经典文章我们当然要精读,反复读,反复推敲,甚至要背下来或者准备一个本子抄下来进行收集整理。有时候文章的内容很吸引人或是很有名,针对这样的情况,不妨采用泛读,先一睹为快。精读的例子不胜枚举:歌德的《少年维特之烦恼》,拿破仑大将军竟然读了六遍。马克思的《资本论》,毛主席也一定读了不止一遍。然而对于报纸杂志,很多时候我们都只是泛读而已。其次,阅读的来源不同,阅读方法自然也不相同。随着网络的普及,各种资料库的完善,我们可以很容易地找到想阅读的内容,这时常常跳读、速读或者泛读即可。以一名英语专业毕业生为例,万方数据库、知网、SCI(国际)等发表的论文都可以利用和借鉴。

看看别人是怎么写的，看看写这些文章的规范是什么，关键看看别人是如何阐述自己的观点的，自己应从哪些方面着手。众所周知，各种数据库里的文章都是我们的阅读素材，因为它们代表着前沿及方向，也告诉我们在这个领域别人是怎么做的，这样可以指导我们进一步学习英语。最后，阅读时做笔记是必需的。学到的知识终归会有忘记的时候。伟人读书、写书都要做笔记，何况我们呢？这样做不但方便我们日后查用，而且抄写可以加深印象，知识掌握得更牢固。最为重要的一点是：通过整理和思考，得出自己的观点，这才是学习的意义。另外，看原声电影、看网络视频、浏览国外网站都可以有效地辅助英语学习。

书读得多了，就有了写的冲动。"读书破万卷，下笔如有神。"阅读不仅提高了理解力，还提高了写作能力，即阅读可以提高我们的文学素养。

英语专业的研究生学习，教授的知识是不可或缺、弥足珍贵的。因为教授是在多年的积累和不断的努力后经过孜孜不倦的科研逐步成长起来的，所以他们作为我们的前辈，我们可以学习到非常重要的学习经验和学习心得。另外，教授的指导对于我们的深入学习，具有明确的指导意义。在教授的带领下，我们能受到启发、受到监督、受到指正。这有利于我们更好地完成学习或研究任务。阅读的方法、阅读的素材、思考的方式、自己观点的得出等都需要专业的指导。虽说"师傅领进门，修行在个人"，但"火车跑得快，还得车头带"。

综上所述，文学素养的提高依赖于广泛深入地阅读古今中外经典名著。文学素养既包括阅读也包括写作，阅读在先。如果有教授的指导，阅读会更有针对性、更高效。大学英语教学应该加大对文学修养的关注，倾向于经典文学的赏析和指导，致力于培养出高尚的、具备人文素养的优秀大学生。

如今在全球一体化形式下，英语是用来沟通和交流的通用语言。大学英语是中国高等学校教育中的必修课和基础课程。学生不仅要加强英语的听说读写译等基础能力，还要提高英语的综合素质，以便适应我国的国际交往和社会发展的需要。如果想提升学生英语能力的综合素养，就需要学生学习西方的文化背景和文学，教师要探索将英美文学与大学英语教学充分、有机地结合。

文学的特点是形象生动、凝练精美、典雅深邃。文学语言具有生活语言的特征，它来源于生活、反映生活，具有朴实自然、通俗易懂的特点。文学是被加工和提炼的语言，因此文学不仅是语言的艺术又是艺术的语言，是时代和生活审美的产物。优秀的文学作品承载着历史的重量和作者的智慧与思考，文学作品中有丰富的、经典的语言片段及深刻的人生哲理。文学语言是语言应用的最高层次，文学作品是最合适的学习语言与文化的材料，一部优秀的文学作品是世界上最贴切而强有力的语言。英美文学作品中的语言是英语的精华，里面包含千姿百态的人生，充满富于哲理和催人奋发的警句名言。教师指导学生学习和涉猎英美文学就是让学生身处英语语言环境和感受文化氛围，通过学习文学，学生可以快速获得英语知识。

对于非英语专业的学生，英美文学培养目标有三个：第一是阅读和体验英美文学原著，这是一种基于感性认知的经验层次。它强调把阅读英美文学作品的过程交给学生，让学生亲身阅读和体验英美文学经典作品，在此过程中，逐渐培养起学生对阅读的兴趣和欣赏判断的能力。同时，由于学生阅读大量文学原著，因而他们的英语听说读写译的能力和水平也得到了提高。第二是通过英美文学认识英美文化和风俗，这是一种基于文化认知和文化认可的跨文化交流层次。它的重心是帮助学生拓宽文化视野和思想范畴，进而增强学生的综合人文素质和跨文化交际的意识和能力。文学是文化的重要载体和民族个性的重要表现形式，学生通过大量阅读英美文学，就可以学到英美文化和跨文化交际。第三是通过学习文学领悟人生和生命的意义，培养人文情怀，张扬人文主义精神，这是基于人文关怀和道德塑造的哲学层次。它的重心是陶冶学生情操，开阔学生视野。学生在文学作品中认识人生，丰富了精神文化生活。因为文学涉猎广泛的题材，充分表达并反思生活方面的价值，这是最好的提高道德修养的途径。

在非英语专业教学中开展英美文学教学是可行的，完全具备开设英美文学的软硬件条件，原因有以下几条：其一，学生深受英美文化的影响。中国大学生对西方文化了解很多，对西方文化更感兴趣。对英语教育而言，这是一个好现象、好机遇，应好好利用，为英美文学教学服务。其二，学生的英语水平普遍提高。近年来，我国中小学英语教学改革的力度很大，成绩突出，很多新生英语词汇量大，有能力阅读原著。未来中小学生的英语能力将分为九个等级，高中毕业时的英语水平将相当于现在大学非英语专业学生的四、六级水平。其三，教师教学和科研能力强。现在从事大学公共英语教学的教师水平有了很大的改善，教师的教学和科研水平提高很快。很多教师就是专门研究英美文学的，而且都对英美文学作品有自己独到的见解，这些教师愿意在大学英语教学中融入英美文学课程，并且愿意发挥自己的特长来研究新的教学模式和促进专业研究并提高科研效果。其四，教学手段先进和多样。现在多媒体教学手段普遍运用在教学中，各高校基本都有完备的语音室、多媒体教室、校园网络、教学电台等一系列的现代化教学硬件设施，并且拥有大量的多媒体软件资源。教学资源不仅有英美文学原著文本，而且还有文学名著影碟，综合了视听说多媒体特征，更加形象直观。因此，借助多媒体教学手段在课堂上播放文学作品，会使学生产生极大的兴趣。

在大学英语教学中融入英美文学的意义十分显著。首先，增强学生的积极性和兴趣。文学作品丰富多彩，文学大师原汁原味的语言会激发学生阅读文学作品的兴趣，使学生养成主动阅读文学作品的好习惯，从被动学习变成主动学习。学生不仅品味不同文化的语言，而且提高了阅读水平。其次，提高学生的语感和语言运用能力。文学作品是最为丰富的语言材料，包含各类词汇、句式和语法知识，通过大量的阅读就会提高学生对语言的感受能力和对作品的鉴赏能力，对语言特点更加敏感，进而提高对语言的认识。再次，提升学生的思维能力。阅读文学作品会有利于培养学生的创新能力和拓展学生的思维方向，提高创造性思维能力。作品为学生提供了开发性思考、解读、辩证和分析的机会，这就培养了学生独立思考和批判性思考的能力。第四，培养学生的人文素养。文学作品作为文化和语言的双重载体，记录着人类在文明发展道路上积累的智慧与精神的结晶，具有道德教育的意义。英美文学是重要的文化资源，帮助学生开阔视野、陶冶性情、提高品位、塑造完美人格，从而培养健康向上的人生观和价值观。最后，帮助学生了解西方文化。学习英美文学是了解西方文化的重要途径，作品中包含着对生活的思考、价值取向和特定的意识形态。学生会接触到西方的思想观点、西方人的视角和价值评判，加深理解西方人的思维方式，逐步了解西方文化和风土人情。

讲授英美文学历史发展过程和欣赏方法。在学生大量阅读之前，教师可以安排几个专题讲座为学生讲解英美文学史大致的发展脉络，以便学生能够大致了解作品所处的年代，以免学生盲目地、毫无关联地阅读文学作品。同时讲授英美文学概况和在不同时期的特点，不同时期的历史背景，不同时期的代表性作家及其写作风格和特征，这样学生在读作品时思路更清晰。安排"西方名著赏析"这样的专题讲座，挑选代表性的作家作品，如莎士比亚、狄更斯、海明威等作品专门分析讲解讨论，或开设某一文学专题，如浪漫主义文学、圣经文学、希腊神话等。此外，教师还应介绍一些文学作品的欣赏方法，如文本细读，对比与比较，人物分析和文体分析等，指导学生从具体方面去体味和思考作品。

充分利用计算机网络。很多学校配备信息化设备等优秀资源，为学生创造良好的学习环境。计算机网络是高校应用最为广泛的技术手段，在有限的时间内，教师组织有效的英美文学教学，这需要借助计算机辅助手段。在教学中充分发挥计算机和多媒体技术的应用优势，采用音频、视频等方式呈现出文学信息内容的多样化。同时，教师可利用信息化网络的交互性，在网上开设英美文学作品展览，向学生推荐优秀的英美文学作品，或编辑一些测试题，或参与学生的网上交流和讨论并答疑解惑，提高学生的学习效率。

合理分配课上和课后的阅读任务。精读和泛读的选材要考虑作品的难易程度和学生的阅读能力和阅读兴趣，作品内容积极健康，语言地道优美。教师在课上将节选作品的精彩部分进行精讲，其内容特色也适用于精读。在精读讲解之前，教师安排学生预习作品大意并总结归纳，课上教师详细分析经典细节，其余的作品部分可设为泛读，了解作品内容，欣赏风土人情、语言习惯，让学生在一或两个星期内完成。课后教师要增加学生的阅读量，给学生列出课外阅读书目，由简入深，并让学生记录读书笔记和成果，逐步养成阅读习惯，对作品才会有更深层次的思考。

安排丰富多彩的英美文学学习活动。除了精读和泛读这些基本的阅读活动之外，教师还应安排一系列的其他活动，激发学生的思维，帮助他们了解作品。教师让学生背诵名篇的经典段落并课上检查。课堂讨论是英美文学学习的重要部分，教师将学生分成若干小组，学生两人或多人讨论，然后在班内自由发言，分享心得。精讲作品之后，教师当场设定游戏环节，让学生思考并抢答。教师在学生阅读某一名著之后，鼓励学生将精彩部分编成剧本在课下排练好并在课上表演，或者在课下表演同时制作成视频短片，学生在课堂上欣赏和品鉴。教师还可要求学生给一些经典文学作品的片段配音，在课上开展配音竞赛等。教师安排学生做阅读演讲展示，教师先布置给学生某一书目，给出赏析的思路和研究的角度，然后学生查阅资料边读边进行文学研究，在课堂上学生演讲时要有条理地表达读书体会和研究成果。教师在课上利用多媒体给学生播放原版电影,帮助学生身临其境地理解作品,安排学生每学期末上交一份读书报告,在网上和学生分享读书心得。通过参加以上这些活动,学生学习的积极性就会被充分调动起来,学生在学习语言的同时感受语言和文化的魅力并深化对文学作品的理解。

在大学英语教学中融入英美文学教学是十分必要而且可行的,是国家和社会培养复合型人才的需要。阅读文学作品不仅使学生感受到英美文化的氛围,而且提高了学生英语综合能力水平。大学英语和英美文学教学结合就是把语言训练和人文知识结合起来,提升学生的文化素养和文学审美能力,培养出符合时代要求的英语人才。教师首先要制定英美文学教学的目标和任务,逐步培养学生阅读的兴趣和习惯,探索教授非英语专业学生英美文学的教学方法和思路模式,最终提升学生的综合素质并推动大学英语教学改革的发展。

第二节 渗透情感教育

新课改理念要求大学英语教学在丰富学生英语知识的同时,还积极渗透价值观、情感、态度及人文素养等。而英语作为英美国家的母语,不少英美文学散发着浓浓的英美文化,这对提升学生的人文素养有着重要作用。但在实际的大学英语课堂中,不少教师并没有意识到渗透英美文学的重要性,也没有掌握渗透英美文学的策略,导致学生的综合素养没有得到有效提升。教师应如何在大学英语课堂渗透英美文学?

一、灵性渗透英美文学,无痕拓展学生的知识视野

将英美文学渗透到大学英语教学活动中,可让学生在繁重、晦涩、抽象的英

语学习活动中感知到学习的乐趣。优秀的英美文学作品通常都具有情节生动、曲折、感人等特点，具有很强的哲理性、故事性及可读性，把其积极渗透到英语教学活动中，可调动学生学习英语知识的兴趣，有助于教学效率的优化。因此，英语教师应主动把英美文学渗透到课堂活动中，促使学生在掌握听力、写作、阅读、语法、句型、词汇等前提下，了解大量的英美文学方面的内容，掌握文章、句子、单词等蕴含的文化知识。

二、灵性渗透英美文学，无痕增强学生的语用能力

在英语教材中，英美文学是主要内容，也是十分重要的教学素材。教师在教学时应努力把英美文学合理地渗透到教学过程的各个环节，并结合听说读写训练，以促使学生英语综合能力的快速提升。巧妙渗透英美文学能让学生在不经意中受到优质英美文学的熏陶、感染与影响。因此，教师要主动在听说、阅读及协作教学中全面渗透英美文学，使学生在各种学习过程中体会到英美文学的魅力与价值，并获得语用能力的提升。

三、灵性渗透英美文学，无痕提高学生的鉴赏水平

在英语教学中灵活渗透英美文学不仅能丰富课堂内容，而且可激发学生的英语学习主动性与积极性，为学生营造出宽松、和谐、生动的英语学习环境，并且还能提高学生的鉴赏能力，有助于高质量地践行新课改理念下的教学目标。在有意向地渗透英美文学时，教师应给学生推荐一些优秀的、适合在课内及课外阅读的英美文学作品，以激励学生的课后阅读，使学生在阅读过程中逐渐提高自身的审美能力及鉴赏水平。

总之，英美文学作品中蕴含着深刻的文化内容，它以英语文化为背景，包含

了使用英语国家的各个民族的风土人情和语言思维，这对于提升大学生的英语综合素养有着重要作用。想有效培养学生的跨文化思维，教师要积极地将英美文学渗透到教学活动的各个环节，不断丰富学生的英语文化知识、英语词汇量，有效提高学生的英语听说读写能力及鉴赏能力，最终释放英美文学魅力，无痕促进学生英语综合素养的提升。

很多高校英美文学课程教学对于教学本质目标缺乏正确认识，认为教学的本质是语言本身，因此花费很多精力来进行语法、句子、词语等内容的讲解，忽视了对于学生情感的教育和情怀的塑造，这对于他们的全面发展和成长十分不利。首先，对于大多数高校英美文学教学课堂来说，过于注重对于语言学知识的掌握和学习，过多地将精力放到了如何划分文章结构、拆解句子上，而忽视了对于文章的整体性分析，忽视了情感要素的渗透。其次，不少师生深受传统"咬文嚼字"思维的影响，在英美文学教学的时候，往往难以通过整体性的思维来对文本进行学习和把握，这样会在很大程度上影响教育效果的提升。这个问题是很多高校英美文学教学的共性和通病，也集中反映了目前英美文学在教育界的尴尬处境。这种问题的出现，其实彰显出了目前教育的弊端。

在高校英美文学教学实践中，教学方式过于落后，削弱了课堂效能。第一，在很多高校英语专业设置上，专业课程与通识课程的比例不合理、专业课程偏少，导致学生无法有效地利用仅有的资源实现自身学习质量的提升。第二，一个真正民主化的课堂，往往会尊重学生的学习主体地位，结合他们的学习需求来合理设置课堂内容，从而促进学生对于所学知识的理解和掌握。但是，很多英美文学教学课堂，过于重视教师的引导作用，忽视了对学生主体性的尊重，不利于充分地提升教学效果。无论从教学目标、教学方式，还是从教学题材设定、教学活动设置等方面来说，学生都没有充分的发言权，这对于他们的成长和发展极为不利。

功利化的教学特征，是很多专业教学过程都体现出来的重要特征。首先，从教学过程的态度来看，不少学生为了简化教学过程，忽视了对于故事情感和主题思想的认识和学习，将过多的精力放到了语法学习和语言内容的掌握上，这对于教学效能提升十分不利。其次，从目前的社会现实来看，英美文学的功利性也深受社会思想和社会现实的影响，这在很大程度上造成了英美文学每况愈下的社会现实。比如，很多大学生过多地注重自身语言技能的提升和强化，认为这对于未来就业有帮助。于是，在很大程度上忽视了自身人文精神和软实力的提升，把这两者割裂开来，不利于自身的长远发展和进步。

高校英美文学教学与人文思想有着极强的关联性，这两者之间是息息相关、牢不可分的关系。第一，从内容的角度来分析，人文思想是英美文学作品永恒的主题。纵观古今，任何一部优秀的英美文学著作都充满了人类的正义感和人文主义情怀，从而肩负起社会发展和未来人类前行的历史重任。比如《理智与情感》《傲慢与偏见》《曼斯菲尔德庄园》《哈姆雷特》《爱的牺牲》《警察与赞美诗》《带家具出租的房间》……这些出自不同文学家之笔的大作，其实都具有很强的正义精神和情感性，也正是由于这些情怀的存在，才从根本上让英美文学作品在历史长河中长盛不衰。第二，从文学本身来说，人文思想契合英美文学本身的属性和特征，让文学作品本身就有了很强的情感性和人文精神，这种精神与现代人类的生存、生命等问题息息相关。

四、人文思想在高校英美文学教学中的渗透

（一）实现英美文学语言和情感目标的双重教育

在英美文学教学过程中，要想实现人文思想的渗透，必须高举语言教育和情感目标教育两重旗帜，不断地保证英美文学教学的平衡性。第一，语言是文学作

品的基础和重要组成部分，是构成文本的最小核心单元。在教学过程中，应该重视语言本身的学习和了解，不断地对学生的语言能力进行提升。这是帮助他们培养语感的重要过程，也是实现自身了解能力提升的过程。第二，在语言学习的同时，更要注重情感的教育和熏陶，不断地对学生的人文思想进行教育，以此来有效地提升他们的感悟能力和审美素质。要引领学生掌握正确的阅读方式和技巧，学会揣摩作者的心理，这样可以有效地提升感悟能力。

（二）采取多元化、立体式的英美文学教育方式

采取多元化、立体式的英美文学教育方式来开展英美文学教学，不断地增强教学的活跃度，为学生总体文学水平的提升创造有利条件。首先，在发挥传统教材教学的基础之上，借助于多媒体教学，以较强的视觉效果来让学生达到整体化的学习认识，从而增强他们对于所学知识的理解和掌握，这个过程能够有效地提升学生的感性认知能力和思维素质，强化人文精神的训练。其次，在教学过程中，还可以借助于新媒体来进行教学，比如借助于微博、微信、新媒体平台等多种方式来学习，给他们开放性的学习空间，这对于提升他们的总体英美文学水平有着无比重要的促进作用。

（三）整合课程资源，优化英美文学教学设置

英美文学是一种相对来说比较抽象、灵活，侧重于情感表达的文学艺术形式。要想从根本上提升英美文学教育中人文思想的渗透，就要学会整合课程资源，优化英美文学教学设置，保证教学过程的灵活度。第一，整合课程资源，不断地延伸内容设计的范围。不能将教学素材单单局限于课本知识的理解和学习上，同时更应该不断地对更多课外知识进行挖掘，从而保证教学课堂的灵活度和有效性。第二，在课程设置上，应该加大专业课程的比重，让英美文学课程占据更多的教

学资源，这样可以有效地锻炼学生的思维能力和感悟水平，这都是不断提升自身人文素质的关键。将英美文学教学分成若干部分，比如英美文章语言、英美文章主题表达、英美文学写作手法等，要求学生能够从欣赏的角度来对这些问题进行有效审视，这样可以保证教学过程的高效性，彰显出很强的人文思想。

（四）强化生命哲学认知，助力学生未来成长

教育是一场深刻的生命重塑过程，对于英美文学教学来说也不例外，通过英美文学的学习，能够强化生命哲学认知，实现价值观的塑造，助力学生未来成长。每一部作品都有其主题思想，这就是其价值观、生命观、哲学观的重现和塑造。因此，在平时的英美文学教育实践过程中，必须要注重教学效能提升，站在学生的角度来对他们的情感与价值进行塑造。老师就应该多启发学生，能够从作品中感悟到什么真谛？能够从主人公身上学到什么东西？这些问题的设置，其实正是对于学生生命哲学认知的有效追问，也实现了对于其思维素质和感悟能力的强化，从而来有效地提升教学质量。总之，必须要通过这种方式来进行教学，力求能够强化学生对于生命的认知，不断地提升他们的精神境界。

（五）多开展英美文学人文思想教学实践活动

文学是实践的产物，在英美文学教学实践过程中，必须要通过活动的开展来加深对于文学作品的认识和了解，从而来不断地提升教育效能。比如，在平时的英美文学教学实践中，可以通过班级小组讨论、主题研究、演讲比赛、读书打算等方式来进行教育和指导，引导大家通过英语来进行交流和沟通，从而在提升英文水平的同时进一步地强化对于文本中人文思想的理解和认识。此外，还可以给予学生一定的空间来进行下堂课教学题材和学习内容的讨论，这个过程既能够有效地保证学生学习兴趣的提升，同时还能够不断地开发学生的价值和情感，这对

于他们未来文学修养的提升有着无比重要的帮助作用。总之，必须要多开展英美文学人文思想教学实践活动，不断地提升学生的潜在素质和综合修养。

文学是学生成长和发展的重要窗口，它可以引领学生更好地认识世界，并建立起属于自己的价值观。积极推进人文思想在英美文学教学实践中的渗透，不断地促进英美文学生命教育效能的提升，从而更好地促进学生未来成长，提升其综合素质。具体到实践中去，应该保证语言功能和情感目标的双重教育、采取立体式的多元教学模式、优化课程教学设置、强化生命哲学认知、开展多种教育实践活动等，真正让英美文学教学课堂"动"起来，强化英美文学的实践功能。

香港城市大学教授张隆溪在2006年举办的关于人文教育与英语教育的年会上说："中国英语专业的毕业生或许掌握了很好的语法知识和语言基本技能，但他们常常对英语文学了解不多，对英语或欧洲的文化与历史也了解不够；他们或许能讲英语，但由于缺乏较强的文体和文学意识，因而往往写作能力有限。而且，由于缺乏就某一深度话题进行智性讨论的知识和文化素养，他们也不能够有效地与人交流。"尽管张教授强调的是英美文学对英语专业学生的重要性，这一论述对大学英语的教学也有很大的启示。一直以来，英美文学是英语专业学生的必修课，而与非英语专业学生无缘。我国的大学英语教学目标历来定位于培养学生的语言技能。从1985年制定、1999年修订的《大学英语教学大纲》规定的"培养学生具有较强的阅读能力"到2007年的《大学英语课程教学要求》所提出的"培养学生的英语综合应用能力"，这一教学目标的调整无疑是适应社会需求的明智之举，近年来的教学模式从"以教师为中心"向"以学生为主体"的转变也卓有成效，学生的语言技能同过去相比有了较大提高。然而，好的语言技能并不等于好的语言交际能力，过多地强调教育的实用性和应用性直接导致校园内人文精神的大衰落。

在如今实用至上的社会语境中，文学往往被视为阳春白雪，在许多人看来更是与大学英语的教学目标不相吻合。本节认为课堂的文学性对于实现大学英语的教学目标大有裨益，因为文学有助于培养学生的语言综合应用能力，提高学生的人文素养，满足学生的情感需求。

五、文学在大学英语教学中的价值

（一）有助于培养学生语言综合应用能力

实际上，从 20 世纪的 50 年代到 90 年代中期，文学在我国的语言教学中一直占据着举足轻重的地位。那段时期的教材以文学性的课文为主，人们也以谈论文学作品为荣。之后，随着语言界对语言应用能力特别是口语的强调，文学逐渐远离英语课堂。许多人认为，文学不宜用来培养语言应用能力，因为一些文学作品主题晦涩，篇章结构复杂，语言风格奇特，不仅会令语言能力欠佳的学生望而生畏，也不利于学生模仿，更不适用于日常的口语交流。然而，持这种观点的人却忽视了文学的一个重要特质：文学作品的体裁广泛，展现了各种语言使用的真实语境；文学作品往往引经据典，具有很强的互文性，这些特征使得文学成为丰富的语言材料的来源。可以说，没有任何一种语言形式能像文学作品一样在最大限度上、最大范围内展现语言的使用。Little wood 总结出文学的五个特性以证明它在外语教学中的重要作用：作为结构系统的语言；作为各种特定风格的语言；作为浅层话题表达的语言；作为作者观点的象征和文学史或作者传记一部分的语言。他认为，文学从最基本的层次和其他语言形式并没有本质的不同。它是为获得交际目的对有限的语言结构进行创造性使用的例证，语言系统的内核是一致的，不管是口头的闲谈还是书面的文学，文学能利用各种现有的风格（从最高雅的到最不正式的），来达到交际效果或展现生活。它在对话的口语风格、记叙文的非正式文体与诗歌的高雅文体之间变换更替。张隆溪也认为，优秀的文学作品有助于学习者培养语言和文体意识，培养平衡、优雅、节奏和韵律的意识。他甚至说："学习语言的最佳途径是通过文学学习，原因很简单：一种语言中最有效、最有力、最优美的表达存在于文学之中。"因此，在大学英语课堂使用文学性的教学材料不仅能使学生接触并习得各种语域中语音、词汇、句法和语篇知识，还能帮助学生增强根据不同的语境或交际任务而选择不同的表达方式意识，提高创造性地使用语言的能力。

语言综合应用能力不仅指听、说、读、写、译五种基本的语言技能，还包括文化素养。如果说语言能力告诉你一个句子是否符合语法规则，那么文化能力则告诉你一句话在某种场景中是否适宜。缺乏跨文化意识或文化素养将直接导致跨文化交际的失败。语言的教学应该让学生沉浸到目标语的文化之中。文学是了解外国文化的便捷途径之一，因为文学既是文化的载体，也是文化的一个主要的、特殊的组成部分。文学凝聚着一个民族的文化符码，创设了真实的文化语境，便于学习者学习目标语言和目标文化。给学生提供阅读文学作品的机会可以提高他们的跨文化意识，养成尊重不同文化的科学态度，培养社会文化能力，而这种文化能力是语言交际能力的要素之一。具备一定的文学和文化能力，学生在使用语言时将展现更足的信心与更深的内涵，从而优雅地、得体地、必要时颇具文采地完成跨文化交际任务。

（二）有助于提高学生的人文素养

近年来，中国的高等教育由于呈现出重技能、轻素质的功利主义倾向而备受诘责。胡文仲和孙有中指出："英语语言教育正面临着降低为职业培训的危险。"他们提出英语教育应该考虑高等教育的根本目标，一味地迎合市场的需求是短视的做法。什么是高等教育的根本目标呢？杨叔子认为，现代教育之本是素质，现代大学之基是人文教育。人文教育是指一种生活态度、人生观及人格修养的教育，其要旨在于培养人文精神，即追求人生真谛的理性态度，关怀人生价值的实现，人的自由与平等以及人与社会、自然之间的和谐等。

指导学生阅读文学作品是对学生进行人文教育、提高其人文素养的一个重要途径。文学触及人性的共核，凝聚着人类在漫长社会活动中所积累的智慧和精神，蕴含着人们对人生终极意义的探寻与哲思，其陶冶情操、升华人格的功能是不容忽视的。试想，《荷马史诗》中塑造的一个个英雄形象激励了多少后人勇于追求自由与真理，积极实现自我的人生价值；莎士比亚的戏剧中渗透着多少人文主义的色彩:《威尼斯商人》所颂扬的人的高贵品质——慈悲与同情，《罗密欧与朱丽叶》所讴歌的爱情的神圣，《亨利五世》所反映的君与民平等的思想，而一部《哈姆雷特》将人性的复杂、人性的悖谬剖析得多么全面和深刻。通过阅读文学作品，学生可以逐步认识世界、认识自我。在当今充斥着多元价值观和眼花缭乱信息的社会，对文学形象的认同有助于学生树立正确的价值观，并发现自我价值。可以说，文学能起到一种润物细无声的教育效果，在经典文学作品所创造的艺术形象魅力面前，社会、学校和家庭的说教往往显得苍白无力。

大学英语在大学课程中占有两年时间，在培养学生的人文素质方面大有用武之地。2007年《大学英语课程教学要求》已将"提高综合文化素养，以适应我国社会发展和国际交流的需要"纳入教学目标。我们不能只重英语课的工具性，还要挖掘其人文性，引导学生在课堂内外赏析文学作品，增长人文知识、提高人文素养，帮助学生成长为有社会责任感和全球视野的世界公民。

（三）有助于满足学生的情感需求

文学本身具有丰富的情感性。它通过描述个人的生活与命运、思想与感情，渗透着人类普遍的、永恒的精神情感体验。缺失了情感，文学就成了一堆冷冰冰的没有生命力的符号。文学作品丰富的情感性能在一定程度上满足大学生多元纷呈的情感需求。作为一个特殊年龄阶段的群体，大学生既有与生理、物质相关的低层次情感需求，又有和心理、精神相联系的高层次情感需求，如享受富裕的物质生活和追求新奇高雅文化的情感需求，进行广泛社会交往的情感需求，得到群体理解与尊重的情感需求，提升自我素质实现自我价值的情感需求，等等。文学作品中人物的情感往往能唤起他们的生活体验，激起他们强烈的共鸣，慰藉他们敏感而脆弱的心灵；而人物的命运往往能触动他们对人生的感悟，满足他们渴望认识自身的审美需求。可以说，阅读文学作品的过程本身就是一个与作品中的人物同爱同憎、同喜同忧的情感体验过程。因此，在课堂上引导学生赏析文学作品可以帮助学生加深情感认知，补偿情感需求，提高情感技能，提升情感品质。

此外，由于文学本身的美学价值和愉悦功能，因此文学性的教学材料和语言活动可使课堂生机盎然，妙趣横生。我们常常听到学生抱怨大学英语课了无生趣，他们只是机械地跟着老师完成一个又一个单元的学习任务，背诵大量的令人头痛的单词，英语水平没有长进甚至在倒退。教师可以利用文学性的教学材料和设计文学色彩的课堂活动来增强课堂的趣味性，激发学生的学习动机，提高教学的效果。

六、大学英语课堂文学性价值的实现

文学具有多重价值，其丰富性使得课堂也变得立体、饱满和生动。综观各类大学英语阅读教材，无论是《新编大学英语》《新视野大学英语》，还是《全新版大学英语》，其中的课文都不同程度地呈现出文学性特征。教师应善于利用现有的教学材料以及其他各种手段来增强课堂的文学性，使学生在体验文学魅力的同时，提高语言综合应用能力，接受人文教育，丰富情感体验。

（一）挖掘文学性材料的主题意义与美学价值

现代的大学英语教材基本都采用单元主题模式，即每个单元围绕一个主题展开，课文呈现出多元的文化价值取向和丰富的文化主题，如婚姻观、友谊观、自然观、财富观、西方的节日，等等。对于文学性材料的学习，不能仅仅停留在字、词、句的理解和情节的认知上。教师应该认识到，课文本身只是一条小路，而好的语言教师可以将学生通过这条小路引向一个多彩广阔的世界。例如，《全新版大学英语（第二册）》中有一篇时代感很强的文章，作者的经历折射了现代人游离于真实世界与虚拟世界之间的困顿。阅读之后，教师可引导学生讨论网络的利弊，然后启发学生去思考他们自己会做出怎样的选择，哪种选择是理性的、明智的。又如，在学习《全新版大学英语（第三册）》时，教师可以向学生介绍西方的重要节日，让学生尝试用英语介绍中国的传统节日，可以将一些中西方节日进行对比，引导学生去思考日益弥漫着消费气息的节日的真义，然后鼓励学生模仿课文写信表达自己对亲友的感恩之情。以这样的形式对课文蕴含的文化主题进行深入探讨，实际上是将语言技能的训练、中英文化的对比、价值取向的思考与课文的学习有机融合，做到在主题讨论中训练语言技能、提高文化素养，在使用语言的过程中思考并内化有益的价值观。

除了挖掘主题意义之外，教师也需引导学生去发现并欣赏文学性的语言，分析作者的写作风格与所使用的修辞手段。经常性地领略语言的美，学生自身的语感会得到增强，逐渐学会创造性地使用语言。学生的文学能力和文化素养提高了，语言表达便会富有文采。

（二）在课堂上补充文学性的教学材料

当课文本身文学性不强时，教师可以在背景知识介绍或课文主题导入部分补充文学性的教学材料，从而开阔学生的视野，帮助他们深入理解课文的主题。笔者在处理《新视野大学英语(第四册)》第一单元"爱情与婚姻"这个主题时,向学生介绍了三首英语诗,取得了意想不到的教学效果。这三首诗分别描写了年轻恋人之间热烈浪漫的爱情、夫妻之间朴素的关爱与依恋之情以及中年夫妻之间由于激情消退而产生的心理鸿沟。当笔者将这三首诗配以精美的背景和轻柔的音乐呈现在屏幕上时,学生们顿时表现出极大的兴趣。对三首诗的比较引发了许多相关话题的讨论,如网恋、结婚、校园爱情、单身主义、当代青年的择偶观、婚姻的权利和义务等。由于话题贴近生活实际,因而一些平时沉默寡言的学生也积极参与进来。

在结束本单元时,笔者布置了一篇作文题目。在批改作文时,笔者感到非常欣慰:学生表现出前所未有的创造力。一位学生将作文的题目命名为:以诗性语言阐述对网恋的看法。另一位学生写道:"Perhaps people can fall in love on the Internet in a moment, but mature love is like a tree, moving slowly from the seed in the ground to the sheltering splendor of its prime."

(三)设计文学性的语言活动

设计文学性的语言活动不仅仅是为了焕发课堂的活力,而且其最终目的是提高学生的英语综合应用能力,增强文化素养和人文修养。教师需要具有一定的想象力与创造力,善于精心设计,巧妙安排。例如,提供重要词汇,让学生放飞想象,用所给的词汇编写故事,让词汇的习得与有意义的信息交流并融为一体;利用课堂上的零星时间,准备一些简短的朗朗上口的诗歌让学生尝试填充诗词来培养他们的语言节奏感;改编自经典文学作品的影片是语言和文化习得的丰富资源,对影片主题的探讨是将英语听说训练与人文教育相结合的有效途径;让学生根据自身的校园生活体验创作英语短剧在课堂进行表演,可以给学生提供一个生动的英语交际平台和情感诉求渠道。

（四）开设英美文学选修课

随着社会的发展对学生英语水平要求的提高，现行的大学英语课程设置存在的不合理性日益凸显。学生只需要在大学一、二年级完成英语的学习任务，这样就产生了学生的学业需求与职业需求脱节的问题。在完成基础阶段的英语学习之后，除了有志考研的学生外，很少有坚持英语学习的。这样的课程设置不能满足学生的求职需求，也不利于学生的长远发展。因此，我们可以在大学三、四年级开设英美文学选修课。当然，非英语专业的学生不需要像英语专业的学生一样掌握系统且详细的英美文学知识，这种选修课可采用专题讨论的形式进行，以学生喜爱的作家为主线，或以浪漫主义文学、现实主义文学等不同的流派为主线，学生课外自主阅读作品，教师课上启发分析，引导学生去体悟其中的文化意义和人文内涵，将语言的学习引向深入。

将文学融入大学英语课堂是通过有效利用文学的知识性、教育性和情感性价值，激发学生的学习动机，帮助学生掌握丰富的语言知识，提高文学和人文素养，丰富其情感体验，从而实现培养学生英语综合应用能力的教学目标。在文学所营造的人文氛围中，教师和学生会感到英语的教与学不再是一个枯燥的语言知识灌输与被动接受的过程，而是一个有趣的、有收获的发现之旅。

第三节 跨文化意识培养

在学生对英语文学的应用过程当中，跨文化交际能力是一个非常重要的能力，因为在此基础之上，老师才能更好地开展实践教学，所以必须对这个能力加以重视。要将跨文化的意识培养融入课堂发展当中，这样才能更好地满足学生的发展需要，使得他们能够更好地掌握相关知识，更好地适应相关的学习环境。为了能够更好地培养学生的跨文化意识,在英语文学教学过程当中,要对课堂教学内容开展进行一个详细的规划。要将各项课堂教学活动进行联合,还要对老师的教学手段进行完善,这样才能够保证课堂的效率,促使课堂更好地发展。

所谓的跨文化意识,就是在掌握自己的文化基础之上,还要了解其他的文化,促使各方面的文化全面发展,这样能够使得学生更好地提升自己的学习效率,也有利于英语的更好利用。在开展课堂活动的时候,老师应该主动倡导学生对跨文化意识的培养,积极引导学生对于一些外国文化的了解,特别是要让学生能够了解英国的文化,并将英语文学学习应用到实际生活当中,这样才能更好地提升学习效率。

一、跨文化意识培养重要性

根据目前的一些现状分析,我们可以发现跨文化意识的培养是非常重要的,它的重要性主要表现在以下几个方面:第一个方面就是在经济全球化不断发展的过程当中,各个国家的文化渗透已经引起人们的关注。在这个基础之上,培养学生的跨文化意识是非常重要的,这样才能够更好地进行文化的交流,也避免出现一些文化误解的现象,使得学生能够更好地适应经济全球化的发展。第二个方面就是在当代英语文学教学当中大多都是注重培养学生的英语语言应用能力,但是对跨文化意识的培养,很多学校都是忽视的,这种情况又导致学生在对英语文学知识进行学习的过程中出现效率低下的问题。所以老师在日常教学活动当中,应该提高学生对跨文化意识的培养,让他们能够更好地进行这方面相关知识的学习。当学生在进行英语阅读文章理解的过程当中,可以利用自身的跨文化知识进行文章意思的理解,这样能够更好地掌握教材知识,有利于自身更好发展。

(一)能够提升学生的语言理解能力

高校英语教学发展更多的是注重英语的语法结构知识,忽视对英语文学作品背后相关文化内涵和时代背景的讲解。乏味、枯燥地死记硬背英文语法知识和词汇结构虽然能够提升学生对英语的应用能力，但是没有深刻感悟英语文化内涵就会导致学生缺乏英语文学学习的跨文化意识，进而不能在真正意义上理解英语语言的魅力。

（二）能够拓展学生的英语知识层面

在英语文学的教学过程中适当地引入一些文化背景和文学知识，能够实现对学生学习知识面的拓展，比如在英语文学教学中引入和教材内容有关的文化背景知识，一方面能够引导学生形成一种价值体系，加强对英语文学内容相关文化的认识和了解，另一方面能够提升学生的英语文学综合素养。

（三）能够提升学生英语文学的综合能力水平

跨文化意识的培养能够提升英语文学的综合能力，因为跨文化意识是在全球化背景下产生的一种能力培养方式。跨文化意识的培养不是简单对文化符号和文化意识的复制，而是人们在英语文学学习的过程中对中西文化差异的一种新的理解和把握，从而在不同程度上降低对英语文学学习的陌生感，加强学生对英语文学学习的了解，从而提升学生英语学习的综合能力水平。

二、跨文化意识培养策略

在学生的课堂学习当中，老师扮演着一个非常重要的引导角色。在英语文学教学当中，老师也应该发挥引导作用，积极引导学生形成良好的跨文化意识，从而提升自身的学习效率，达到学习的最佳状态。在英语文学课堂教学过程当中，老师应该充分利用网络信息进行相关知识的整合，从而挖掘英语文学教学中的文化内涵，将这些内涵传递给学生，使学生能够更好地了解相关文化。在课堂学习当中，应该以小组问答的形式来引导学生对英国文化的探索，这样的一种形式也是非常好的，可以让学生参与到课堂内容当中，激发学生的兴趣。此外，还可以利用一些多媒体视频播放这样的形式，让学生欣赏一些优秀的外国作品，提升学生的跨文化意识，达到他们学习的最佳状态。

在英语文学教学过程当中，提升教师的综合素质是非常有必要的，可以更好地促进跨文化意识培养目的的达成。为了提升教师的综合素质，学校应该定期安排老师参加相应的培训，促使他们能够不断提升自身的素养，对所教授的课程有一个明确的了解，从而更好地教授学生。此外，还要开展各类文学鉴赏活动，在鉴赏过程当中对文学内涵进行探索，从而提升老师自身的文学素养，最终达到改善课堂教学手段的目的，培养学生良好的跨文化意识。

课外活动也可以很好地促进学生跨文化意识的培养，而进行课外活动教学策略应该从以下几个方面入手：第一个方面就是老师在进行英语文学课堂教学活动开展的时候，应该着重为学生推荐一些经典的文章，并鼓励学生对这些文章进行深度的探索，探索到它们的内涵，从而对西方文化有一个透彻的了解。第二个方面就是让学生观看一些外国经典的电影，这样可以很好地培养学生的跨文化意识。在进行英语与文学教育的过程当中，老师应该将电影放到课外教学当中，这样能够很好地调动学生的积极性。第三个方面就是让学生欣赏一些英文音乐，将有利于他们跨文化意识的培养。老师在进行课外活动当中也要着重注意这个方面。

通过研究我们可以发现传统的英语文学教学方式已经无法满足学生的需求。在当今这个时代大背景之下，老师想要更好地培养学生的跨文化意识，必须要通过实践活动来影响学生。在对学生进行英语文化知识灌输的时候，要注重知识的正确性，避免给学生带来一些误导的现象。此外，在英语文学教学的过程当中，要利用一些课外活动等方式来培养学生的跨文化意识，还要和实践进行结合。

各国文学的发展都承载着一个国家的文化，体现了一个国家的民族精神和文化内涵。英语文学教学中也承载着以英语为母语国家的风俗文化、地域人情等。通过英语文学的认识和学习能够加强对某一国家经济、政治和文化思想的了解。因此，在某种程度上是对英语文学欣赏的同时也在潜移默化中培养跨文化意识的过程。

跨文化意识的培养不仅需要学生对外国文化进行了解，而且需要学生在理解、学习的基础上，能够主动将本国文化和外国文化进行对比，总结两国文化的异同，并在此基础上提升自身对文化的敏感度。在提升跨文化意识的同时，能够让学生在英语文学鉴赏和学习中，积极主动地了解英语文学涵盖的民俗文化、风土人情等，增强学生对本国文化的辩证认识，进而能够有选择地吸收、借鉴他国文化，取其精华、去其糟粕，通过对比学习分析，提升教师英语文学的教学效果和学生英语文学的学习水平。

文化在文学中能够得到有效的体现，同时文学本身也涵盖文化。比如一部任务型的文学作品，在对主人公成长过程进行讲述的时候，会对主人公的身份、背景和立场等进行交代，同时反映当时社会的政治风貌、风土人情和文化内涵等。同时，文学作品中的人物形象也会对某个时代的经济发展、社会情况等进行反映。因此，英美文学在文化内容层面能够在潜移默化中对学生的跨文化意识进行培养。另外，学生在阅读英美文学作品时，对于不理解的词汇可以通过查找阅读来获得认识，在查找资料的过程中，学生也会间接地获得处理两种不同文化冲突的方法，形成对两种文化的整合性认识。

受经济、政治和文化背景发展不同的影响，中西方在文化发展方面具有很大的差异性，因此，在英美文学教学过程中，需要加强对中西文化差异性问题的分析和探究，在深入认识本土文化的同时实现本土文化和西方文化的充分整合。加强对中西文化差异的分析，具体需要做到以下几点：第一，设定有计划、明确性的英语文学教学策略，并在组织学生理解和思考教学策略后形成一种完善的英美文学文化体系。第二，在英语文学学习的过程中，教师要本着以公正、客观、科学的态度来讲解英语文化语境下的英语文学内涵，尊重不同文化下的文学发展和文学价值观念差异。第三，在英美文学学习的过程中，教师要将文学作品及其所处文化价值理念进行结合，从而更好地把握英美文学作品主题思想，加强对作品的深刻理解。

在英语文学跨文化意识培养的过程中，需要不断加强对更深层次文化内容的研究，在对表层文化已有研究的基础上提升自己对文化挖掘的能力。英语文化的表层内容是很容易学习到的，比如和英语文学有关的天文地理、文学知识、哲学知识等，这些知识一般都可以在正常的学习中获得，但是英语文化的学习不仅仅是对这些表层文化的了解，还需要通过学习加强对深层次文化的学习和了解，比如和英语文学有关的文化传承、人文景观、行为习惯等。随着对英语文学的深入研究，要不断加强对英语文学深层次文化的研究。一个国家在长期发展中经过积累，很容易形成一种特殊的行为模式，为此，在进行英语文学的教学中需要加强对这些行为和文化的了解、学习，用心感受文学作品中体现的情感内涵，通过对文学作品内容的挖掘实现对自身精神文化生活的丰富。比如，对英美文学作品中人物家庭、朋友和风土人情的研究，能够帮助人们进一步了解国外的风俗，感受不同的风土人情。

移情能力是跨文化意识培养的重要方面，对跨文化意识的培养具有重要的意义。不同国家和地区具有不同的文化，为了加强这些文化之间的交流和沟通，需要搭建一个文化交流共享平台，在这个平台中实现人们彼此之间的相互交流，引导人们应用不同民族思维模式来思考问题，从而加强对英美文学的深入了解。文化的移情能力本质上是一种主观意识，为此需要学生积极主动地去了解和学习。

英语文学作品遍及整个世界，其中有一些还是名著级别的作品，能够为跨文化意识的培养提供良好的材料支持。这些作品的大部分内容是各个时代发展的一种体现，能够展现深刻的文化背景和文化内涵。因此，培养学生的跨文化意识需要积极鼓励学生阅读不同的英语文学作品，拓宽自己的阅读面。

伴随科技的进步和时代的发展，教育事业发展中越来越多地应用一些先进的科学技术。英语文学教师也要学会应用科技的发展来为自己的教学开展带来一些便利。比如，教师可以在教学过程中利用多媒体软件插入一些图片，从而让学生能够更为直观地感受教材的重点内容，对英语国家的社会风俗和人文风情有最直观的了解。另外，教师还可以在课前收集一些和英美文学讲授内容有关的资料，比如文学作品作者的介绍、作者的创作背景等，通过背景资料的收集和介绍，加强学生对和文学作品有关的社会背景的了解。

英美文学的课堂教学时间有限，为了更好地向学生讲授英美文学知识，进行英美文学内涵的培养，需要教师引导学生利用课下的时间来培养自己的跨文化意识。比如，教师可以利用课上的时间将一些在学生理解范围内的英美文学优秀作品分享给学生，让学生进行文章的选读。另外，教师还可以向学生推荐一些比较经典的外国电影，像是有深厚的文化积淀的英文音乐，并让学生写下观后感或者听后感。另外，教师还可以组织开展西方情景剧会演、电影节、读书会、英语角、英语沙龙等活动，通过活动的开展让学生发挥自己的主观能动性来学习英美文学知识，加快和英语文学内容有关文化知识的传播，促进中西方文化之间的交融，提升学生的跨文化意识。

教师在英语文学的课堂教学中具有主导地位，发挥引导的重要作用。为此，在英美文学跨文化意识的培养中，也需要提升教师的个人素质来培养学生英美文学学习的跨文化意识。提升教师的素质主要从两方面着手：第一，提升教师的专业素质；第二，提高教师的职业素质。其中，专业素质主要是指培养英语文学教师的文学素养，加强教师对英美文学作品内涵和主要思想的全面了解。教师在对英语文学作品全面了解的同时，能够根据学生学习中产生的疑问对学生进行间接性的解答，促进学生对文学作品的了解，提升英语文学课堂教学效果。提高教师的职业素养是指教师的教学方式和教学理念要做到与时俱进，要改变传统的教学理念，注重对学生文化意识和基本素质的培养，由浅入深地引导学生学习和理解英语文学作品的内容。

伴随经济全球化的深入发展，英语成为人们交流中的一门重要语言。在英语的应用和学习中，跨文化意识逐渐成为一种重要的能力。英语文学教学作为英语教学的一个分支，在具体的教学过程中需要注重跨文化意识的培养。跨文化意识是指在对本土文化了解和继承的基础上，有策略、有意识地了解其他民族文化和本国文化之间的关联。实现英语文学教学中的跨文化意识培养需要对多种英语文学作品背景进行把握和理解，根据文化背景去理解文章内容，从而更好地感受英语文学作品的文化内涵。英语文学教学跨文化意识的培养要求学生在进行英语文学学习时，不仅要保持自己的文化不被侵蚀，同时也要对与之相关的其他文化内容进行把握。

综上所述，在英语文学教学过程中培养学生的跨文化意识对于学生的学习发展意义深远，是时代发展对英语文学教学发展的要求。通过在英语文学教学中融入跨文化意识能够提升英语文学教学的课堂效果，在充分利用各种资料学习的同时进一步培养和提升学生的英语文学跨文化意识。

发达的信息技术导致学生距离文学文本中体现的文化愈来愈远。互联网改变了学生学习行为、生活方式甚至价值观念，学生可以在互联网上找到任何一部文学作品的任何信息，只需敲击几下鼠标，作品的故事梗概便会呈现在学生面前，学生的浅阅读行为使得目前大学英语外国文学的教学现状陷于困境之中，教师不得不在课堂上花大量的时间介绍作品的情节、人物等表层信息。加之，多年来教师形成了对学习大学英语的学生的低标准、低要求，学习大学英语的学生只要知道一些关于文学的浅层次的知识足矣，没有必要深入文本学习的文化中去。这使得世界文学教学流于形式，世界文学课程近乎形同虚设。因此，有必要对文学教学中跨文化意识培养的可行性、层次、方法进行详细阐述。

"文化"一词经历了复杂的词义演变过程。词源是拉丁文cultura，可追溯的最早词源为拉丁文colere。colere意思为耕种或作物培育（cultivate），是一种原始的农业技术或物质生产活动。后来延伸到精神生活领域，用在智慧、心灵、德行等的培养，最后扩展到指称一切知识。但是就定义来看，不同学科的学者们众说纷纭。马克思认为，"文化是人改造自然的劳动对象化中产生的，是以人化为基础，以人的本质或本质力量的对象化为实质的，它包括物质文化、精神文化、制度文化等因素。"格尔茨侧重于文化的产生过程，指出"文化不是附加在已经完成进化或最后完成进化的动物身上，而是这种动物自身产生过程中的一部分，而且是中心的组成部分。这个缓慢的、持续的、几乎像冰河流动一样的、经过冰川时期的文化发展过程，以在其进化过程中发挥主要的指导性作用的方式改变了进化中的人类所承受的选择性压力的均衡"。总之，文化是人类持续的、缓慢创造的总和，这一点是无人反对的。作为一个庞大的系统，文化由众多相互交织、相互制约的子系统构成。

"literature从14世纪起出现在英文里，其意为'通过阅读所得到的高雅知识'。最接近的词源为法文literature、拉丁文litteratura，词义大致相同。可追溯的最早词源为拉丁文littera——意指letter（字母）"。这一定义充分体现出文学与文字的紧密关联。我们现在理解的"文学"概念，则是指人类发展到一定阶段而以语言文字为工具形象化地反映客观现实、对自我的审美性观照，是人类文化的一种重要形式，是文化系统中的子系统，因此并不是一个自在、自为、自足的封闭系统，其内容、形式、生产过程都要受到其他文化子系统的影响和制约。

因此，目前的文学研究和批评为了拓展文学研究的广度和深度，出现了文化转向的趋势。注重作为子系统的文学同其他文化子系统间的互动，确立文学在文化系统中的价值。这种转向是对20世纪盛行的形式主义、结构主义、新批评等过于重视文学的、单纯的、狭隘的"内部化研究"的一种反拨，最终，"文学"这个词可能再也不足以描述我们的研究对象了。文学的文化研究将文学从象牙塔中解救出来，释放文学的生命力。文学的文化研究取得长足进展为大学英语文学教学中的跨文化意识培养提供了可行性，大学英语文学教学如同外国文化结合在一起，也将释放出文学教学的无限生命力，因此，教师必须引导学生关注文学与其他文化子系统之间的联系，将文学文本置于更广阔的视野中。

根据亚里士多德在《诗学》中提出的观点：文学是对现实世界的模仿，文学作品是特定历史背景和条件下的产物，必然带有时代的烙印。如果对作品产生的时代一无所知，便无从谈及理解文学作品。比如，不了解19世纪法国走向共和民主制度曲折的历史进程，不知道拿破仑战争、七月革命，就不会理解《悲惨世界》中描述的贫穷如何使男人沉沦，使女人堕落。又如，不了解美国的独立战争，就无法理解为何《瑞普·凡·温克尔》里的酒店招牌上英王乔治的画像中红色的上衣变成了蓝黄色，手中的王笏变成了宝剑，而且下面还写着"华盛顿将军"。

文学是社会生活的反映，它总是以某个具体区域中的具体人群的具体生活为描写对象，从而体现那一区域的时代精神和民族特色，而风俗来自代代相传与习惯，是特定时期、社会中的特定人群的生活方式、思维方式、行为方式的根深蒂固的浓缩与积淀。不论文化发达与否，各个民族的风俗都是其社会生活中具有普遍性的社会现象，类似于一种社会标签将一个民族同另一个区分开来。作家通过描写特定地区中特定人的风俗，会形成自己独特的风格。例如，美国本土主义作家马克·吐温将自己的作品限定在自己熟悉的密西西比地区，他在《汤姆·索亚历险记》中提及了当地的一种风俗：涂柏油、粘羽毛的私行，只有了解这一风俗才能体会小镇上的人对印第安人乔的憎恶。

文学与哲学的共同根基是言辞，因此，文学和哲学思想起作用的前提是对言辞进行诠释。根据伽达默尔的理论，这种诠释并非完全主观或者客观的，而是对话和视域融合的结果，思想和文学都只能存在于这种言辞的交流中。波兰女评论家奥什若科娃说，"小说是人类智慧的混合成果。一方面，它毫无疑义是属于艺术的范畴，没有从艺术技巧中吸取美的因素，就不可能获得形式上的崇高感染力。另一方面，它又沿着宽广的道路驰入科学的领域中，特别是那个吸收着一切科学的成就、被称为哲学的领域中"。文学与哲学发生关联的方式是前者提供形式，后者提供内容，哲学家和文学家都可以用文学的形式来表现深刻的哲学思想，如柏拉图的哲学对话充满了诗性的语言；法国作家加缪和萨特的作品都体现了深刻的存在主义哲学的思想。

跨文化意识培养策略的实现离不开以下方面：

首先，教师知识结构的深化和更新。从以上浅、深两个层次来看，跨文化意识的培养首先是从跨文化开始，然后是跨学科，这对教师提出了相当大的挑战。教师要不断地深化和更新自己的知识结构以提升自身的跨文化能力。教师不但要深入研究目标语文化，还要掌握母语文化，能在教学过程中正确指出并对待两种文化间的差异，有助于加深学生对文本内容的理解。从这方面来看，教师既是教学者又是跨文化、跨学科研究者。

其次，实现教学模式的全面革新。要改变学生"浅阅读"的现状，需要落实文本细读在大学英语世界文学教学中的重要地位。在文学教学中，由文字构成的活生生的文本永远是教学的根基。教师要引导学生从文本细读中发现丰富的文化内涵，从而培养学生对文化的敏感性和洞察力。授课之前，教师可以把文本中涉及的文化信息布置给学生，让学生查阅相关资料，培养学生进行研究工作的能力。教师在授课时应避免一味地抽象与概括，应采取启发和引导的方式，鼓励学生发表个人看法并进行分组讨论，集思广益，从而使每个学生都能积极参与到课堂中，形成对文学作品的多元化理解和诠释，这样便改变了传统的灌输式教学模式。

最后，教学手段的革新。当今时代，现代信息技术迅猛发展。崭新的信息技术为教学现代化提供了先进的手段。利用信息技术和多媒体技术能把抽象的思想变成直观的内容，从而调动学生的听觉和视觉，提高教学效果。同时，以互文性为基础整合与世界文学相关的文化视听资源，使得原本单一的课堂变得多元、活泼，以此来激发学生的学习主动性和积极性，引导学生主动去学习、探索、研究，改变学生在教学中的被动、从属地位。

大学英语世界文学中跨文化意识的培养依赖的是对话式的诠释和理解。首先是母语文化和目标语文化间的对话；其次是文学与其他文化间的对话；再次是学生间彼此交流观点和看法的对话；最后是教师与学生间的对话。之所以叫作"对话"，强调的是对话双方的平等。母语文化和目标语文化间不存在孰优孰劣之分，有的只是差异而已；将文学置于与其他文化间的关系中，体现的也是平等，没有手段与目的之分；教师与学生的对话将教师和学生置于平等的地位，教师不再是灌输者而是引导者，将课堂主体的地位归还给学生。

在经济全球化、文化多元化的语境之下，跨文化交际能力的重要性日益凸显。世界文学因其浓缩的不同民族的文化有助于学生形成多元的文化视角，与此同时，还能优化课堂教学，因而应该成为大学英语世界文学教学的目的之一。

三、英美文学跨文化意识的培养

英美文学课程可以提升本科学生的跨文化交际能力是英语教育界的共识。英美文学课堂教学展现在学生面前的是典型的西方文化,在培养学生跨文化意识方面具有不可替代的作用和优势。然而跨文化交际是一种双向活动,需要母语文化和目标语文化的相互交流。文学是文化的重要组成部分,利用英美文学课程引入比较文化的视角,让学生在通晓英语文化的同时了解中国文化,加强学生对中西文化差异性的辨识敏感度,促进他们双向互动跨文化的意识成长,把他们培养为对外交流活动中合格的交际者,是全球化交流愈发频繁的今日,英语专业教育对英美文学课程提出的新要求。

英美文学是英语语言艺术与西方人文精神的合成体,英美文学教学可以提高英语专业本科生的文化素质教育,培养人文精神,促进跨文化交际能力。多年来,我国的英美文学教学基本上是对传统英美文学课程的完善,在单向文化导入的大背景下进行,如在以文学史为主的英美文学课程教学中,让学生对西方文明的起源、西方社会历史的变迁、西方意识形态的变化有一个整体的粗略认识,如通过对英美文学作品的解读和赏析,学生学习到作品包含的文化内涵和所反映出的西方思维方式和价值观念。这种教学模式里没有任何汉文化的介入,包含在这种传统英美文学课程教学中的文化教学是一种单一性的英语文化的导入教学,是以割裂中国文化学习与英语文化学习的联系为主要表征的,从提升学生的跨文化交际能力这个层面看,这种"单向"输入文化教学提升的是学生的单向跨文化交际能力,因为它只强调对英语文化的理解,而作为跨交际主体的另一方——中国文化始终处于英美文学教学中的完全缺席状态。

双向跨文化意识是指不同文化背景的人在进行交际时对文化差异有着良好的

感知和辨识能力。一个具有良好的双向跨文化意识的交际者因对交际双方的文化背景都有足够了解，对两种文化的差异或冲突有正确的认知，所以可以保证它和异质文化者交际时能进行积极有效的沟通交流。

近年来，随着中国在全球影响力大幅提升，中国在对外交流上的"文化自信心"越来越强，这让中国英语学界开始关注英语教学中双向跨文化交际能力培养的重要性。2013 年，赵海燕发表《论我国英语教育跨文化意识的双向成长》一文，首次提到语言教学中应该注重学生跨文化意识的双向成长，指出我国英语教育呈现跨文化意识的双向成长，是底蕴相当的异质文明间冲突和调适的历史逻辑的必然。2015 年，孙洁在《论英语教学中双向跨文化交际意识及能力的培养》一文中特别指出，中国学生在国际交流活动中表现出的"中国文化失语现象"是由于中国英语教学中一味地注重英美文化的输入而忽视本土文化意识的培养。毫无疑问，对英语专业学生双向跨文化交际能力的培养成为英语专业教育的必然趋势。

英美文学课程的本质决定了它的文化教学属性。文学是对历史文化的生动记录，一部文学史就是一个民族的变迁史，而文学作品又往往是一定时期社会生活的反映，揭示某个社会发展阶段的社会现实。只要改变英美文学课程中单向文化导入的教学模式，加入比较文化教学模式，即在教授英语文化的同时兼顾汉语文化，以英为主，以汉为辅，必然能促进英语专业学生的双向跨文化交际能力。

一直以来，英美文学都是英语本科专业课程体系的核心课程。2000 版《高等学校英语专业英语教学大纲》规定，英国文学和美国文学属于课程设置中的高年级专业知识必修课程，英美文学史属于高年级专业知识选修课程。在很多人看来，英美文学课程只包含英国文学作品选读、美国文学作品选读、英美文学史这几门核心课程。但事实上，广义范围内的英美文学课程还包括古希腊罗马神话、圣经故事、英语诗歌、英语小说、英语散文、英语戏剧等课程。纵观全国外语本科院校，不少英语系都会从大学二年级开始有序地开设除英美文学核心课程外的广义范畴内的英美文学系列课程，如广东外语外贸大学英语语言文化学院开设的六个专业方向就全部开设英语诗歌、英语小说、英语戏剧、希腊罗马神话等选修课程，北京大学英语专业开设古希腊罗马神话、美国短篇小说、圣经释读、英诗选读等课程。我们会发现，如果在这些课程中教师有意识、有体系地穿插比较文化的视角，展现给学生的将是一个非常完整且脉络清晰的中西方文化差异知识体系。

以英国文学史课程为例，它讲述英国文学史不可避免要涉及大不列颠发展史，在英国文艺复兴前的1600多年里，大不列颠经历了三次入侵：公元1世纪中期的罗马人的入侵；5世纪中期盎格鲁-撒克逊人的入侵；11世纪中期的诺曼征服。如果教师讲述英国发展的不同历史时期时引入对应的中国古代时期——东汉中期、魏晋南北朝和北宋，学生就会很自然地形成一种中西文化的对比观。同理，在古希腊罗马神话课程中加入《山海经》叙事，在讲授英语戏剧的同时展示中国戏曲的历史和经典剧目介绍，在英语小说发展脉络中加入中国章回体小说的特点描述，讲授英语诗歌时试着让学生对英诗的格律韵式和汉诗平仄规则做对比。久而久之，学生就会有主动感知文化差异的意识，提高双向跨文化交际的能力。

英美文学教学中引入中国文化改变了以往以理解英美文化为出发点，以单向接受和理解为目标的教学模式，加入中国的文化立场和文化视角。这就要求授课教师对中西文化都有较高的修养，对课堂的科学设置提出新的要求，即英美文化和汉文化两者的介入要在授课时间、教学内容上达到平衡，既要把双向跨文化意识的培养渗入其中，又不能喧宾夺主，太过突出汉文化的讲授。

综上所述，通过英美文学教学，有意识、有体系地展现给英语专业学生完整清晰的中西方文化差异知识体系，增强他们对于母语文化的自我认同感，培养开放、自信的双向跨文化交际情感和意识，对于提高他们的双向互动跨文化交际能力无疑具有积极的影响和作用。

在不同的文化背景下人们的说话方式、思维习惯、行为举动都有所区别，尤其是不同语言下的交流，十分容易将固有的语言习惯与交际行为迁移到异国文化中去，从而导致跨文化交际障碍。在大学英语的学习过程中，我们要清晰地意识到跨文化交际意识与能力的重要性，在日常学习中积极培养跨文化意识，提升跨文化能力，多听、多看、多读，来提高跨文化意识与能力。

四、跨文化交际意识和能力的培养

跨文化交际（inter-cultural communication），是指本族语言者与非本族语言者之间开展的交际行为，指所有在语言与文化背景方面存在差异的群体之间的交流。我国的社会经济在快速发展，有越来越多的外国人在中国投资建设，也有越来越多的中国人前往国外进行贸易，中国与其他国家之间的经济往来越来越密切。在交际过程中或多或少地都会出现一系列交际问题，导致跨文化交际障碍。分析跨文化交际障碍的原因对于形成跨文化交际意识，提升跨文化交际能力有着重要的作用。在跨文化交际中出现跨文化交际障碍的原因主要有以下几点：第一，思维模式不同。不同区域的人们由于受到当地环境与文化的影响在对外界认知上存在着十分明显的差异，所以其思考问题的角度与结果也都有所差异。思维模式的不同会直接导致交际方式、语篇结构、行为处事等多个方面的不同。中国社会环境下的思想逻辑是从细节解决问题，很少直接进行，而是会围绕问题先设定语境，以形成良好的会话氛围，然后再从其他角度的次要层面转入主要问题进行询问，展现为螺旋圆圈式的讨论模式。造成这一现象的主要原因是中国人含蓄内敛，思维表达方式婉转。而西方人的思维方式与表述形式则十分直接，会直接地表达喜爱或厌恶，对亲爱的家人会直接表达亲情之爱，对于不愿意的事情会直接拒绝。第二，价值观念不同。人的行为准则、道德标准都与价值观有着密切的关系。人们生活在社会中，在学习、工作过程中会有意识、无意识地接受自己民族文化的价值体系，进而对其生活态度、行为处事的价值观念造成影响。我国深受儒家思想的影响，提倡仁义礼智信，待人接物谦虚有礼，提倡中庸思想，在社会群体中不能过于展现自我，而是要借助团队的力量。而西方文化则偏向个人英雄主义，提倡个人的独立与自由，在生活与工作中都希望做到与众不同，得到他人的肯定。在对跨文化交际障碍产生的原因进行分析后可以发现，跨文化交际障碍是无法避免的，只有在进行跨文化交流的过程中具备良好的跨文化交际意识与能力才能够做到消除交际障碍，做到顺畅沟通交流。

　　由于语言与文化之间存在密切的联系，在英语学习的过程中就无法避免地要接触到英语背后的文化学习，对英语国家的文化进行理解与掌握。大学英语学习的最终目的是利用英语开展交际，因此大学英语学习也必然要涉及不同文化之间的交际，这就是跨文化交际。美国著名社会语言学家海姆斯曾经提出交际能力中四个重要的核心要素，分别为语法性、可行性、得体性以及现实性，其中得体性与现实性和文化有着密切的关系。得体性即为在说话谈论的对象、话题、场合不同的情况下需要使用不一样的得体的语言来进行沟通；现实性是指要使用真实、地道的英语。这已经不仅仅是掌握英语就可以解决的问题了，如果只掌握英语的发音、语法规则和相应的词汇并不代表着可以使用英语进行熟练的交流。在跨文化交际中，交际双方如果不可以进入相同的文化背景之中就会产生误解，进而导致交际失败。在大学英语的学习过程中，我们已经学习了语法、词汇、句法等，英语语用是急切需要解决的问题。在实际的英语交流过程中能够运用已经学习的知识才是大学英语学习的最终目的。例如，在机场上等候迎接刚刚下飞机的英国或美国客人，一见面就热情地问他"Are you tired？"是不恰当的。从中国文化来分析，这句问候的话语十分正常，并且还带有一定的关心、慰问的语气。然而英国或美国的客人则会觉得是否我今天化妆化得不好，还是衣服搭配得不好，让我看起来很累呢？因此，在运用英语进行跨文化交际的过程中跨文化交际意识与能力有着重要的作用。因此，在大学英语的学习过程中我们很有必要培养自身的跨文化交际意识与能力。

伴随着欧美影视文化的普及，在互联网上随时可以观看英文原版电影、电视剧与综艺节目。在日常英语学习过程中观看英文原版电影是培养跨文化交际意识与能力的重要途径之一。首先，要选择合适的影片。要通过观看英文原版电影来提升跨文化交际意识与能力就需要选择合适的影片。要选择英语发音准确、有中英双语字幕的影片，以便在观看的时候可以对照英文表述与汉语翻译，更加容易看懂听懂，理解影片的故事情节，掌握背景知识。同时，要选择题材类型不同、节奏感较强的电影，如历史、文学、战争、爱情等。如每次都是观看相同类型的电影十分容易疲倦，或者观看剧情节奏发展缓慢的题材也会失去兴趣。其次，要通过电影了解社会文化背景。在观看英文原版电影之前我们可以先对电影拍摄时期、电影内容时期所牵涉的民族、国家、文化背景、社会背景、人物关系进行厘清，尤其是涉及特定历史阶段、某类型特定社会风俗方面，需要特别加以掌握。再次，在观赏英文原版电影的时候要适当结合精听与泛听两种形式，以泛听为主，精听为辅，在了解故事情节后从影片中截取经典片段或对比，标注跨文化交际的内容，以加深印象。最后，掌握重点难点。对于英文原版电影中出现的重点难点、语法句式都要进行重点分析。对词汇、语法、句式背后的文化底蕴、历史背景、风土人情、风俗习惯进行深入挖掘，以便分析出英语背后的文化底蕴，提升自我的跨文化交际意识与能力。

当前我们在课堂中所学习的英语课本是大学英语学习的基础，其中的阅读材料丰富而具有内涵，十分适合大学英语的学习。但是由于英语课本中的阅读材料数量有限，内容范围不够广泛，更新速度较慢，导致无法通过阅读来掌握更加广泛的英语知识。相对来说，英语报纸杂志涵盖了全球知名媒体的各项资讯，内容丰富、更新速度快、语用实用性高。因此，在日常英语学习的过程中可以通过阅读英文报纸杂志来提升自我的跨文化意识与能力。第一，在英文报刊中学习扩展词汇与短语，并且掌握其中的用法。英语课本中词汇的用法单一，老师也难以在短时间内找到合适的例句，而在内容丰富、题材广泛的英文报纸杂志中，则可以看到各种原汁原味的英文表述方式，通过对句子意思的理解，可以直接掌握其使用方法。第二，扩大文化背景知识，提升跨文化交际能力。英语的文化背景知识分为知识文化与交际文化两大部分，其中知识文化是英语国家的哲学、艺术，而交际文化则是英语国家日常的语言行为。例如，复活节是西方国家一个十分重要的节日，我们对复活节的了解较少。在《学生双语报》中就有一篇关于复活节的新闻报道，报道内容称美国前总统奥巴马和第一夫人米歇尔在白宫草坪主持"滚彩蛋"活动，当时有三万余群众获得邀请参与。阅读了这篇新闻报道，对西方国家的复活节文化以及美国前总统的亲民政策就有了直接的了解。第三，巧妙利用报纸杂志进行跨文化交际学习。在阅读英文报刊的时候可以巧妙地运用报刊来进行跨文化交际学习。我们可以在报刊材料中粘贴遮挡一部分词汇，然后安排选项来进行选择，这样不仅仅加深了对词汇的印象，同时还强化了对词汇的记忆力。英语作为一门重要的实践课程，必须要将语言知识转变为语言能力。英文报纸杂志的阅读是大学英语学习的重要补充，其大大丰富了跨文化交际学习的资源，为英语学习提供了大量真实的英语资源，为提升英语综合运用能力创造了条件与机会。

总的来说，在大学阶段英语的学习过程中我们要清晰地意识到只掌握教材中的语法、句法、词汇是远远不够的，是无法流畅地利用英语与他人进行交流的。因此，在日常英语学习中要培养自我跨文化意识，通过观看英文原版电影、阅读英文报纸杂志来了解英语背后的人文风俗，区别英语与中文之间的文化差异，以便更好地使用英文与他人交流，实现大学英语的学习目标。

第二章　英语文学素养的应用

第一节　英语文学在教学中的重要性

对学生进行英语教学的重要目的之一就是实现学生用英语解决问题能力的提升，帮助学生掌握最基本的技能并在此基础上实现基本的灵活运用，尤其是学生在口语和表达交流能力方面更是发挥着重要的作用。在实现学生自身能力提升的同时，可以更好地与国外进行及时的交流和沟通，实现我国国际地位的提高。尤其是伴随着经济全球化进程的不断加快，每个学校都面临着更为重要的英语学习任务，也需要学生和老师共同努力，实现学生英语文学水平的提升，具体的意见和建议如下：

文学具有一定的相似性和共通性，简单来说就是中国文学和英语文学很大程度上体现出共同的基本特点。从英语文学的发展历程来看，大致经历了从文艺复兴到启蒙运动等相关的历程，具有悠久的历史和强大的文化价值，尤其表现在小说和戏剧等方面。

兴趣不可否认对于一个人的发展和学习具有重要的作用，只有具备了兴趣，才有可能获取基本的学习快乐，并在此推动下进一步加强相关学科和知识的学习，促进自主学习的出现和发展。这也就要求老师在教学的时候一定要恰当地运用教学方法和教学手段，实现学习乐趣和兴趣的培养。英语文学总的来说呈现出丰富性的特点，充满着生机和活力，可以帮助学生实现自身文学修养的提高。除此之外需要注意的是文学和生活紧密相连，因而在理解方面较为简单，可以帮助学生实现情感和经历上的共鸣。与此同时，英语文学由于具有文学的基本特征，又体现出强烈的艺术性，可以帮助学生实现自身审美能力的提升，并及时吸收相关的知识。

在漫长的历史发展进程中，人们只有对自己喜欢的事物才会不断去追求，这也就需要老师在授课和备课的过程中一定要想办法将英语文学的优势和吸引力表达出来，实现学生好奇心的激发。英语文学在学习特点和要求上与中国文学有着很大的相似性，都专注语言风格的基本特点，老师在进行作品讲述的时候也可以对作者的生平和社会背景进行基本的介绍，参照中国文学的相关教学方法组织教学，并在此基础上推动学生自主学习能力的提升，提高英语学习的素养和专业水平。

英语文学的学习离不开对基本的单词、词汇和语句进行学习，这就需要学生在学习的过程中树立总结的意识，并对于优美或者是组织结构复杂的句子及时地摘抄，只有这样才能加深学生对于基本知识的认知程度，同时实现语言学习能力的提升，并在此基础上加强与人交往的能力，进一步促进学生的可持续发展。

英语文学学习并不是一蹴而就的过程，需要长时间的努力和坚持，只有这样才能将所学到的基本知识进行强化和巩固。但是需要注意的是，在英语文学的教学过程中要加强对口语环境和情景的营造，想办法锻炼学生的基本口语能力，在实践中让自己的知识与技能得到锻炼和升华；同时，要鼓励学生对课程之外的名著作品进行阅读，在阅读的过程中积极提出问题并思考，实现对内容的基本理解和思维能力的锻炼。

学生进行英语学习时，不仅仅可以与外国人进行基本的沟通，同时还可以帮助国家实现文化的传播。这也要求老师在进行授课的时候注重教学方法和技巧的多样化，将欧洲等西方国家的基本观点和文化背景进行恰当的传授，帮助学生加强对相关背景的了解程度，加强对文化内涵和底蕴的了解程度。

文学在一定程度上是国家和民族进步的重要保障，也是进行国际沟通的工具，尤其是在全球化发展进程不断加快的今天，世界各国在国际舞台上进行交流的主要工具就是英语，这也就要求老师加强对学生交际能力的培养，尤其是要注意多媒体设备的运用，帮助学生营造良好的学习氛围，实现英语能力的提升和表达能力的新发展。

语言的艺术性一直以来都是文学作品丰富多彩的重要原因，同时文学作品也呈现出生动形象的意向以及情感的表达，这就要求学生在学习的过程中需要将所有的感官调动起来，加深对文学作品的了解。此外，还应该对文学作品呈现出的历史特点加强把握。这是由于文学作品是对社会生活的基本反映，只有在对历史和背景加强了解的情况下，才能帮助学生对文章所表达的主旨思想加深理解，并进一步对该国的历史和文化特点形成印象，使学生拥有丰厚的文化底蕴。

除此之外，能够在历史的浪潮中流传下来的文学作品大多呈现出较高的艺术价值，并且其中也包含着较多的人生态度以及处事的哲学和道理，这也会对学生产生潜移默化的影响，使得学生文学素养获得不同程度的提升。

要想实现学生英语文学学习能力的提升，需要从很多方面努力。首先在教师的教学方式上不断推进，使学生实现口语和交际等能力的综合提升。只有这样才能形成良好的学习习惯，并推动自主学习的产生，具体的建议和方法如下：

教材上的内容往往由于时间或者其他原因只是对作品选取了其中较小的一部分，并且对文章的内容进行了精简，但是需要注意的是该操作实际上会对作品本身的表达思想和主旨产生较大的影响。为了改变这种现状，就需要老师和学生对此多加重视，找到原文引导学生进行阅读，或者是寻找相关的视频，加深对文章的理解程度。

这些方式的综合运用可以帮助学生加深印象，对文化的相关特色加强了解，并通过视频等方式对文章情感有直观的把握，有利于学生学习兴趣的激发，并在此基础上为学生学习能力的提升做出贡献。

作品的评析对于学生的掌握程度来说具有重要的意义，在学生学习的过程中，老师可以通过引导的方式来对作品赏析的基本流程进行教学，并做示范，在此基础上要求学生按照相关的要求进行自我学习并实现全面的评析；在学生形成自己观点的基础上通过小组讨论交流的方式让学生自由地表达自己的看法，然后互相讨论培养学生的交流能力。在这个过程中，老师不仅需要对学生的评析结果进行点评，还需要做出一定的总结并给出开放性的答案，教学生怎样去科学全面地评析一篇文章，引导学生形成自学的良好思维模式，并培养自身的审美能力和鉴赏能力，在此基础上推动学生英语学习能力和水平的提高。

小组讨论的方式仅仅可以锻炼学生的口语能力，但是观后感的写作可以帮助学生进行写作能力和组织能力方面的训练，并使自身的感受得到表达。通常情况下观后感应该包括对原文一定程度的总结以及作者思想感情的合理概括等，在此基础上实现学生英语水平的多方面提升。

除此之外，很多英国文学作品都体现出较强的语言特色，并且这种特色呈现出因人而异的基本特点，学生在对这些不同的文学作品进行阅读之后会形成自己的看法和观点，并实现自身语言能力的丰富和提升，将其运用到自己的写作中去，便可以实现学生英语能力的提升和发展，对于学生的全面发展起到了关键作用。

综上所述，英语文学的教学在整个英语的学习中发挥着重要的作用，老师一定要将其渗透到英语学习的各个方面，尤其是体现在相关活动的开展等方面，实现学生表达能力和思维能力的创新发展。在此基础上实现文化之间的沟通与交流，实现文化魅力的传承和发展，对学生的自主学习意识和能力也产生了较大的影响。

因而英语文学教学实际上对老师提出了较高的要求，老师也只有引导学生进行表达和交流，并进行观后感的写作，才有可能实现学生英语水平的提高和课堂效果的提升。本节主要对此进行了探究，为之后的实践提供经验和借鉴。

在大学英语教学中，渗透英美文学，有助于引导学生增加阅读量，丰富学生的英语知识体系，拓宽学生的视野，进而提升其英语文化素养。

语言和文化的关系，表现如下：①语言是人类智慧的结晶，是文化表现形式之一。②语言作为文化组成的主要部分，发挥着文化传播的作用。英美文学作品作为英语民族文化的传播载体，通过学习相关作品，对提高学生的英语学习能力、培养其文化素养有着积极的作用。

在大学英语教学中，渗透美英文学极具教学意义。具体体现在以下方面：①培养学生的英语应用能力。通过阅读美英文学作品，能够增加学生的词汇量，掌握更多的词语语境以及语法，加深学生对西方文化的认识。②提升学生的人文素养。现代大学教育注重培养学生的人文素养，通过渗透英美文学，能够达到此目的。学生了解西方宗教信仰与价值观念等，能够更为理性地剖析文化差异以及共性，进而能够提升其人文素养。③提高学生的英语交际能力。英语教学过程中，培养学生的英语知识运用能力是重要内容。渗透美英文化，能够使得学生更好地掌握美式英语和英式英语的差异，提高其英语知识运用水平。

当知识面得到拓展后，学生的视野更加开阔，思考问题的方式更加丰富。因此开展大学英语教学，要注重拓展学生的知识面，引导学生增加美英文学作品阅读量。使用具有教育价值的素材，能够增强课堂教学的趣味性与生动性，提高教学效率。

从英语阅读学习角度来说，学生掌握大量的英美文学知识，能够增强学生的语感，使其能够掌握不同语境下语法的运用。在英语课堂教学中，渗透英美文学知识，可以增添教学乐趣。因为英美文学作品的可读性强，具有故事性与哲理性特点，对提高英语教学质量有着积极的作用。以《解放了的普罗米修斯》作品为例，体裁为诗剧，创作人为雪莱，作品取材于古希腊罗马神话，写作手法为浪漫主义。其中包含着很多精彩片段，比如，麦鸠利受宙斯的派遣，劝说普罗米修斯屈服。他说，孤独一人反对权威，永远不能得胜。宙斯会运用权力，给予普罗米修斯种种惨烈的迫害。学生本身对文学作品的喜爱程度较低，需要教师有效地激发学生的阅读兴趣，使其能够主动阅读。当学生阅读时，会遇到生词，为明确内容，会主动去思考和推测，对提高其阅读能力有着积极的作用。

对于英美文学的渗透，需要教师做到无痕植入，引发学生的共鸣，进而获得良好的教学效果。教师可树立喜爱英美文学的形象，时不时地给学生传递英美文学知识，进而调动学生的学习兴趣。在教学课堂中，可以预先给学生布置课后学习内容，让学生阅读《傲慢与偏见》《简·爱》等作品。为调动学生的阅读积极性，可以承诺为学生开展《傲慢与偏见》电影欣赏，让其根据原著内容，分析电影的改动，通过设置"找碴儿"的游戏活动来增强课堂氛围。在鉴赏的过程中，教师可以结合电影内的场景、服装、礼仪等内容，为学生讲述当下社会中人们的价值观念等，增强学生对此作品的认识，增强学生的人文素养。类似的作品较多，能够符合学生的阅读喜好，并且很多作品已经翻拍成经典电影，教师可以推荐给学生，让学生能够以不同的方式来接触英美文学，进而增强自身的文学素养。

在大学英语教学课堂中，可通过听力练习的方式来渗透英美文学。将英美文学作品片段作为听力内容，使用多媒体为学生播放，能够吸引学生的注意力，加深学生对英美文学作品的理解以及认识。同时，当选取的英美文学作品能够引发学生共鸣时，对提高学生的学习积极性有着极大的帮助。除此之外，英美文学的渗透，使得教学内容更加丰富，可以潜移默化地培养学生的文学素养。为达到上述效果，教师可以选择学生熟悉的作品，比如《追风筝的人》或者《老人与海》，让学生进行"听力最强者"比赛，活跃课堂气氛，调动学生的积极性，让学生展现自我，带动其他同学，使得更多的学生能够参与到学习活动中来，全面提升学生的人文素养。

综上所述，英美文学作品具有丰富的文化内涵，涉及的社会层面较为广泛，对拓展学生的知识面、丰富学生的英语知识体系有着积极的作用。教师在开展英语教学时，要注重渗透英美文学，从英语听力练习、阅读等方面入手，做好渗透工作，以便学生更好地理解西方文化。

在长期的大学英语教学中，教师只重视语言能力的培养，注重听、说、读、写、译五项基本技能的训练，忽视英语语言中所表现出来的英美文化。有些人虽然已具备较高的英语水平，但由于缺乏必要的文化知识，在语言交际中容易出现语用失误(pragmatic failure)，即在交际中因不了解谈话对方文化背景而导致交际失败。英美文化和中国文化差异之大是人们所共知的。大学英语教学的目的和重点不再是单纯地让学生掌握相关词汇、语法知识，更多地应放在以适当途径让学生对所接触的知识主题融会贯通，并能在今后的生活和工作中实际运用。其中一个重要方法是在课堂教学中进行适当的文化导入和知识渗透。

大学英语教学中的文学导入是指在英语教学中融入英美文学和汉语文学内容。在大学英语教学中有意识地进行文学导入，不但可大幅度提高学生的语言技能，还可有效提高学生的审美意识，塑造学生美的灵魂，全面提升学生的素质，进而从语言学习层面促进校园文化建设。

对于非英语专业的大学生来说，英语是一门必修课，是了解西方价值观念的一扇窗户。通过作品的赏析，他们可以丰富自己的知识和提高个人修养。然而它又不是纯粹的文学欣赏课，教师只能通过文学手段，让学生感受到精彩缤纷的世界,从而激发他们学习的兴趣。

文学知识导入基础英语教学有助于提高大学生的文化意识与修养。学生在学习英语语言的过程中接触一些西方的文学知识,了解西方人的思维方式、价值观、风俗习惯,借鉴和吸收异域文化的精华,有助于他们开阔视野,培养健康的人格与个性,有利于他们提高综合素质。同时,有助于提高大学英语教学质量。如在问候方面:英国人见面喜欢谈天气,有排队的习惯,不能问女士的年龄,不喜欢讨价还价等;而在我国,我们普通的打招呼方式就是吃了没有、去哪里等,了解这些文化习俗对于我们的顺利沟通起着决定性的作用。

我们在英语课的教学过程中会经常碰到典故现象,其中有很多典故来源于古希腊或古罗马的神话传说,这时候就有必要向学生说明一些与之相关的英美文学背景知识。如美国科学家把探索太空的计划命名为阿波罗(Apollo,希腊神话中太阳神的名字)计划;用希腊神话中海神波塞冬的象征 Trident(三叉戟)给潜水艇命名;世界一流海军水面防御系统———宙斯盾(Aegis)就是以希腊传说中的众神之神宙斯使用的盾牌而命名;著名的运动品牌 Nike 也正是希腊胜利女神的名字;西方人赞美食物可口时说它 tastes like Ambrosia,"Ambrosia"便是奥林匹斯山上众神享用的珍馐美味。学生要透彻地理解其含义,就必须知道其是由哪些神名或英雄名称转化而来的,并要了解关于神或英雄自身的传说。这样不仅可开阔学生的眼界,拓宽知识面,而且可提高学生的文化素质和修养,增强对西方文艺的欣赏能力,从而提高学生的跨文化交际能力。

《新编大学英语(第二册)》Unit 5 的主题是关于艾滋病的,是进行文化教学的好机会,因其涉及大量知识文化领域:相关医学原理,西方国家最初发现及发展过程,各国政府、团体和个人对此的态度及措施,未来发展趋势等,均可做成精彩的陈述报告。学生们带着浓厚兴趣收集资料,做出的报告内容丰富、角度多样:有的从病理学角度出发解释 AIDS 的发病原理，有的从其传播途径入手讨论社会安全及自我防护手段，还有的从各国态度入手探讨其中的东西方文化差异。在这一过程中，学生们增长了对医学专业知识、社会伦理、东西方文化对比等方面的知识的了解，学习兴趣也得到提升。

我们在讲解课文时会经常碰到习语和特别用法现象。如不加以解释，学生可能不能真正掌握。如英国是一个岛国，历史上航海业曾一度领先世界，英语中有许多关于船和水的习语。如 rest on one's oars（暂时歇一歇），keep one's head above water（奋发图强），spend money like water（花钱浪费，大手大脚）等。在西方英语国家，狗被认为是人类最忠诚的朋友，英语中有关狗的习语大多没有贬义。有学生曾问过这样一句话：He is the Man Friday of police. 这样一个简单句，没有生词，却无法正确理解。如果接触过小说 *Robinson Crusoe*，读到过主人公 Robinson Crusoe 救过一男子，取名为 Friday，而 Friday 后来成了 Robinson Crusoe 的忠实仆人、得力助手，此句便迎刃而解。英语中有大量的成语和典故源自文学作品，通过阅读文学作品，理解英语成语典故，能极大地积累和丰富学生的词汇量。

文化知识是英语教学中不可或缺的重要内容，学生通过语言学习文化，并通过文化进行语言学习，达到二者的完美结合，是外语教学的最高境界。在大学英语教学过程中，适当的文学导入是必要的，而且是切实可行的。教师可以借助教材，还可以穿插著名人物的趣味故事或文学常识等进行文学导入，用名言、警句、人物光辉的思想内容进行文学导入，通过建议学生阅读其他名篇或与课文相关的作品进行课外文学导入，激发学生的学习兴趣和动力，从而达到提高教学质量的目的。

英美文学在我国的大学英语教学工作中扮演着重要的角色，但是目前我国的英语教学现状与英美文学的联系并不紧密，此现象引起相关领域内学者的广泛关注。本节就英美文学在我国的教学现状进行反思和分析，从而得出相应的策略。

其实关于英美文学审美性的作用，可以拓展到欧美文学作品的流传过程中，比如在人教版《高中英语必修（第一册）》）第一单元的课文"Ring"中，就对法国的生活方式进行了介绍，这种方式对学生文学审美素养的培养效果不会很明显，但随着积累的增加，学生在作品欣赏时慢慢形成自己独特的见解，在解读作品时直接与作品对话。长此以往，学生会形成自己独特的思想，这为学生的成长积累了精神财富。

民俗性是英美文学作品的重要特征，其中不乏体现当地风俗的作品，在《傲慢与偏见》中关于乡村与城市之间的描述能够很清晰地反映出这一特点。但是其中很重要的一点是老师必须注意隐藏自己的情感倾向，文学作为人学，不管是老师还是学生都会有自己的想法。如果老师过早地暴露自己关于作品的观点，会影响学生的思考，这也是民俗性的一大特征，因为民俗是极具个性化的，所以需要学生对当地的风俗习惯有自己的思考，学生在这种特征的鞭策下能够努力向老师的观点靠近，这样才不至于失去自我思考的能力。因此在作品赏析时，应完全给学生思想自由，使他们能真正地徜徉在文学的海洋里，感受文学的魅力。

在大学英语课堂上，作为老师，在讲课过程中要用饱满的热情、积极的态度、充沛的情感带动学生的情绪，使学生感受文学的强大魅力。让学生自己体会作品，得到作品最原始的感受，然后让学生主动发言，不管观点多么怪诞，都要鼓励学生主动思考。在学生得到初级感受时，老师就要发挥"桥梁"作用，介绍作品的写作背景、作者生平、社会背景等，使学生深层次了解作品的内涵，激发学生的情感爆发。

审视近年来的大学英语教育，很多教育家、老师意识到英语教学中文学教育、美育的缺失。为了改善这一现状，很多大学教育大纲和英语考试要求中都对其进行了调整。在英语考试的命题大纲中，许多省份添加了文学知识鉴赏、对文学现象发表意见的题型，并且不限定答案，有的省份将作文的分数提高至英语试卷总分的一半。在课堂上提倡让学生成为主体，畅所欲言，这些改革一定程度上提高了文学教育中的审美要求，英美文学作品还能够让人感受到一种美、一种思想、一种感情。而现有的模板教学，即朗读课文—解释字词—归纳意义三段式教学，使学生对英语课的兴趣降至冰点，作为大学老师的新生力军，我们要做的首先是打破这种模式。

在新时期，新兴教学手段迅速发展，其中多媒体是课堂上重要的帮手，在进行英语文学教学时，正确地运用多媒体是很重要的。当学生在理解作品有困难或者经验不足无法达到共鸣时，多媒体很好地弥补了这一不足。

在大学英语课堂上，作为老师，应该引导、启发学生，使其自行理解作品艺术内涵，体会"只可意会，不可言传"的艺术感觉。其中较为重要的是老师必须注意隐藏自己的情感倾向。如果老师过早暴露自己的观点，会很大程度影响学生的思考，一方面学生会怯于表达自己的观点，担心冒犯老师的威严抑或害怕遭到老师的责骂；另一方面学生会努力向老师的观点靠近，失去自我思考的能力。因此在英文作品赏析与英语文学教学方面，应注重学生的人文素养，确保其能够更好地理解英语文学内容。

英国文学的历史渊源很深，经历了漫长的、复杂的演变和发展。在这个演变过程中，文学受其本身以外的各种现实的力量侵蚀，受历史的、政治的影响，受文化的熏陶。英国文学受其自身的内部规律影响，历经盎格鲁-撒克逊时期、文艺复兴时期、新古典主义时期、浪漫主义时期、现实主义时期、现代主义时期等诸多不同历史阶段。第二次世界大战以后，英国文学大致呈现趋势是从写实逐渐到实验和多元化的走向。美国文学从19世纪末期开始分离于英国文学，不再是"英国文学其中的一个分支"。到了20世纪初期，美国文学成长成熟，真正成为具有强大生命力的独立的民族文学。随着我国改革开放不断深入、世界经济贸易的发展，同其他国家交往越来越频繁，大量需要跨文化交际人才，因此，英语文学教学越来越引起人们的关注。由于英美文学源远流长，为了加强对西方文化的了解和认识，开展英语文学教学研究，对于培养高品质的英语人才具有重要作用。

文学体现了语言的艺术性，它具有形象性、生动性、凝练精美性，可以作为学生习得英语最丰富的语言材料；文学语言来源于生活、体现生活，亲切自然通俗，便于学生吸收，而通过讲解英美文学作品可以为学生提供极佳的语言学习环境。英语语言的发展和各时期许多名著渊源很深，比如，莎士比亚的剧本、狄更斯的小说等英语文学作品。对于学习英语的专业学生，需要丰富的英美文学作品积累，否则，说得再流利的英语、再正确的语法、再标准的语调也会因缺乏文学素养及智慧幽默而无味。在英美文学作品中蕴含着丰富的贴近生活、贴近社会，具有各个时代特性，各个阶层、各个民族、各个作家不同的语言风格的材料。在英语文学教学中，可以采用多种形式来讲解鉴析外文作品，在课堂上可以将上述文学材料向学生输入渗透，为学生展现丰富的英语文学作品，让学生有效地了解英语文学常识，有利于激发学生学习英语的兴趣和提高学生运用英语语言的能力。在这样的教学氛围中，学生在感受和学习英美文学作品时，不再乏味地背单词、句型，而是沉浸在文学语言环境中，亲身感受着不同时代、不同民族的语言，极大地提高了学生对语言的鉴赏力和感受力。体验英美文学的原汁原味和经典魅力，培养一定的英文思维是每个学习英语的学生应该崇尚的境界。由于英文思维是英语得以流畅表达思想的前提，对于缺少英语环境的中国学生来说，要全部或部分习惯于英文思考是较难的，必须通过不懈地坚持英语文学教学，以促进这一目标实现，英语文学教学是实现这一目标最有效的途径。

语言作为文化的载体，它承载着目标语言国家和地区的文化，学习语言就是要能讲解这种文化。而教师采用多种教学方式，对学生渗透输入英美国家的不同文化，是学生掌握英语文化的有效手段之一,并帮助学生更好地进入英语世界,领受其丰富的文化内涵。文学是体现一个民族思想文化的精髓,是人类宝贵的精神财富,并蕴含着一个民族经济、政治,还有社会风俗等诸多文化,要学习和掌握一门外语,既要有它的可用性,又要有它的陶冶性,即反映学生对文学及文化的修养及敏感。外语专业学生不仅要求具有英语的听、说、读、写、译的综合语言能力,在涉外交际频繁的今天,更需要了解掌握英美国家的思想文化、风俗习惯,以避免对文学产生冲突和误解,使英语交际活动能够顺利进行。因此,对英语人才的培养,不仅是对其语言基本能力的培养,也是跨文化交际能力的培养,而跨文化交际能力的培养既是学生和教师在教学中的关键,也是瓶颈,获得跨文化交际能力的理想方法是让学生亲身感受语言环境和文化氛围的熏陶,因而要达到能运用文化知识背景,轻松地与欧洲人交流的境地。为此,在英语文学教学中,需要采用多种形式,采用网络、光盘、文学作品鉴赏,或聘请外教,为学生提供有效语言文化环境和文化材料,提供了解英美文化背景,如传统文化、社会文化、政治经济制度等背景知识的机会,使学生更好地了解中西方文化的差异,还有道德标准、社会礼仪及社会习俗方面的差异。具体体现在遵循既定的语言社会学定律,就是弄清楚什么人对什么人说,为了什么说的,什么时候说的,说的是什么问题。为了顺利进行跨文化交际,不能简单地以自己的文化、价值观、社会风俗去判断和理解其他民族文化的表达方式、语言行为,这样就可以避免跨文化交际中的错用和文化冲突现象发生。通过英语文学教学,有效地提高学生英语的语言和文学素养,提高跨文化交际能力及英语文学的鉴赏能力,培养高素质的英语人才。

通过英语文学教学,可以极大地提升受教学生的个人综合素质与修养,经过教师对英美文学作品的讲解鉴析,可以进一步开阔学生视野,陶冶情操,培养其对英美文学的鉴赏力,从而获得跨文化交际能力。在英语文学教学中,通过教和学,学生可以感受到丰富的英美历史背景及其文化发展历程。比如，在英国著名的莎士比亚的戏剧中，可以浏览到在英国中世纪时期所发生的五光十色的社会生活背景图，重新感受封建社会阶段逐步向资本主义社会阶段过渡的历史真实写照，能身临其境地感受到莎士比亚大师从心底里强烈地散发出人文主义高尚的思想光芒，还可以感受到大师大胆、超群的写作艺术；从作家海明威的小说中，学生学到小说的一种叙事方式，就是极其简单明了轻快，还体会到作者那种率真而大胆、个人主义至上的美国文化精神，亲自认识到美国民主的精神实质……在英美文学的教学和学习过程中，学生就会潜移默化地了解英美国家的发展历史及民族自强不息的奋斗史，充分了解各国人民心中所期盼的和心中的愿望等方方面面。因此，对学生的世界观、人生观和价值观会产生重要的影响，并得到重塑，使学生的文化修养及道德修养得到极大的提高。教师通过英语文学教学，不但教学生技能，还要达到育人的目的，学生学会做人是根本，教学首先是要育人，教会学生如何做人。在英语文学教学过程中，讲解和渗透英美文化背景知识，可以潜移默化地提高学生的人文素质，可以完善学生的整体人格，从而可以用较高的文学修养抵制不健康的文化侵袭和不良的影响。外国学者艾伦和史蒂文一致认为欣赏文学名著是很有裨益的，其理由如下：可以开阔你的视野，让你的头脑豁然开朗；可以帮你不断成熟，树立正确的世界观、人生观和价值观；可以帮你了解生活、瞭望世界，并且对自身能有一个深入的认识。因此，在英语文学教学中，最大量地渗透西方文化，讲解、展示、鉴赏英语文学作品，特别是对西方的文学作品以及伦理经典方面的了解，不仅可以使学生获得英语知识的技能得到提高，而且可以极大地提升学生的人文修养，还有利于学生增强是非辨别能力，消除因中西民族文化差异而带来的误解和语言的误用，从而培养学生树立正确的世界观、人生观和价值观。

当前，多数学校的英语文学教学课采用"文学史加选读"的模式。在上文学史课的过程中，教师对一大堆文学史知识和背景进行罗列，还经常渗透一点文学选读知识，作为对文化史的补充。采用如此"语录"式节选，极大地破坏了文学作品具有的完整性。学生只是浅尝辄止，尽管上文学课程有一两年了，却没有学习过一部完整的小说，也没有学过完整的一部剧本，无法学会怎样鉴赏外国文学作品，也不会分析文学原著。因此，就此问题提出一些建议和改革思路仅供大家参考选择：作品选读虽然对经典作品的精华部分和主要部分进行了筛选，但是毕竟选取的还是部分片段，极大地破坏了原著作品的完整性、整体性，不可避免地具有支离破碎的感觉。在英语文学教学中，必须对一本文学原著作品认认真真且完整地鉴赏，学生才能对外国文学作品的创作特色真正有所掌握和了解，从而才能让学生写出有自己独到见解的评论或文章。在阅读文学作品时，只有从文学作品的整体上进行感受和体验，学生心理才会产生震动，智慧才能有所启迪。

如今已经进入信息时代，学生很容易地通过网络、光盘和百科全书等途径寻找搜索外国文学资料。所以，教师应把英美文学课的教学重点放在指导学生如何欣赏文学原著及精辟分析文学原著作品方面。以英美小说为例，在经过阅读作品的基础上，教师要求学生对主题表现手法进行分析、对人物塑造进行探究、对情节安排进行探讨、对叙述角度进行研究、对象征细节和语言风格进行剖析等。

读书最可贵的是学生有自己的心得体会。通过鉴赏文学作品可以为学生提供写作题材及写作内容，学生又可以通过写作来深化对原著文学作品的理解和消化，做到两者的互相补充。文学最重要的是体现在语言艺术方面，许多作者名家都是语言精练的大师。学生通过大量的阅读，可以受到很好的熏陶，把学生自己的亲身感受通过写论文的方式表现出来。按照如此的教学思路来组织教学工作，英美文学课程才能真正发挥培养学生各种素质以及跨文化交际能力的作用。

本节从培养学生兴趣，感受英语能力，养成英语思维习惯，培养英语文化内涵及文化交际，以及对学生个人素质的培养等方面对英语文学教学在从事英语教学中的重要性进行了探讨，并对英语文学教学的模式改进提出建议，旨在为同行在英语文学教学中提供一些借鉴。

早在将英语列入教学计划时，英语文学就成为英语语言学习的一部分。但是在学术界仍有不少学者认为应将英语文学的学习与英语语言的学习分割开来，这种观点主要通过三个方面表现出来：首先，不少学者认为英语文学对于学生掌握英语学习没有作用，英语的学习依靠学生长久地积累单词以及训练听说能力。其次，还有学者认为目前在国内，英语仍旧是作为一门外语来让学生学习，教师教授英语的目的只是让学生学会这门语言的语法以及日常口语的使用。但是在英语文学中存在极为复杂的语法结构，在学生学习的时候会增加许多不必要的负担，因此英语文学的学习对于学生来说用处不大。最后，学生就业时需要的是如何使用英语，主要体现在听说读写，而不是将英语的某些文化也表达出来。

在当今英语日益普及的情况下，仅仅依靠掌握英语单词及基本语法是不能够将英语这门语言融会贯通的。英语文学的学习不仅对于学生掌握英语语言功底具有促进作用，对于学生的综合素质具有更好的提升作用，因此在学习英语语言时不能将英语文学摒弃在外，反而更要注重英语文学的学习，进而提高学生的语言交际能力。语言使用的最高层次即是文学语言，在传统的语言教学方式中主要侧重于对学生单词、语法的掌握，学生对于英语的学习也只是停留在死记硬背之上，这种情况无疑增加了学生对英语学习的厌烦情绪，甚至产生逃避的心理，因此要改变英语教学模式，将英语文学融入学习中来，教授学生体会不同的语言结构以及语言知识，在学生学习的同时提高语言技巧。

首先英语教学语言要具有多样化，在教学过程中，教师不仅是知识的传授者，也是智慧的启迪者。比如，在讲《我有一个梦想》时，由于这是一篇学生不常接触的演讲词，教师可以先给学生播放马丁·路德·金的那篇著名的演讲，让学生从这一慷慨激昂的演讲中感受到英语语言的气势美与震撼力，这样学生才能体会到语言的艺术性，从而促进学生的理解。其次英语教学语言要具有生活化。教师在讲课过程中要考虑到学生的接受能力，对于一些繁、偏、难的词句要避开，并结合生活中常见的知识进行讲解，从学生的生活现状和生活背景出发，找出与课堂相关的知识点，将生活中出现的新闻要点引入课堂中，有助于学生语法的积累。

作家纽曼将文学作品定义为：具有持久的趣味性以及完美表现力的书籍，并且可以通过形象来启迪智慧。而作为学生学习的英语文学作品首选就是世界名著，教师在帮助学生选材时要充分考虑到中美文化的差异性。我们国家具有五千多年的文化底蕴，更侧重于传统，而英美文化则更侧重奔放，教师要选择具有代表性的作品让学生学习；对于初学者来说，要选择哲学性较强、历史背景较少的作品。英语文化历史悠久，古英语和世纪英语在理解方面比较吃力，因此要选择近现代的作品来分析学习。

所谓"读书破万卷，下笔如有神"，学生在品读文学作品时要注重钻研英语语言的结构以及语句的组织模式，把文学作品当作学习英语最好的老师，这样才能够写出完美的英语句子，才能更深刻地理解英语语言。另外，教师在讲授英语文学时要结合课外资料，上课时设置必要的场景，以此来培养学生的发散思维，让学生更好地体会作者描写的意境。学生知识的获取是一个由量到质的提升过程，通过讲解课本上的内容，鼓励学生置身于作品的场景中，并根据作品中的内容提出质疑及富有创新性的问题，从而提高学生的学习动力。

学生学习英语语言的过程是一个思维能力不断得到锻炼和提升的过程。例如，老师在教学过程中应适当地开展一些具有文学色彩的话题，引导学生用英语讨论。比如设置话题，通过让学生自己收集资料，将学生分组展开讨论，此过程中需要学生根据收集的资料表述自己的观点,不仅让学生了解到不同国家的文化差异,更锻炼了学生口语表达能力,提升了语言功底。

综上所述,英语语言教学不能仅仅局限于课本的简单讲解,而是要注重教学艺术性的提升。英语也是一门具有极其深厚的文化底蕴的学科,只有深刻地分析课文中的英语文学,才能进一步地提升学生的语言素养,引导学生以独特的视角学习英美文化,并帮助学生举一反三、触类旁通,使学生体会到探索知识的乐趣,才能更好地发挥学生学习语言的主体作用,才能使学生的文化素养得到充分的发展,从而更好地掌握英语这门语言。

大学英语教学中文学与审美教育的实施,不仅是适应高校素质教育的要求,也是培养国际化人才的需求。21世纪全球经济文化一体化的趋势更加明显,国际之间的竞争日益激烈,不同国家之间的文化贸易往来更加频繁。在这种合作与竞争的大环境下,高等教育中应该注重对学生综合能力的培养,以适应国际化的发展趋势。大学英语教学中加强学生的文学与审美意识,不仅能够促进学生的德智体美全面发展,适应我国对高素质人才的需求,也能帮助学生形成健全的人格。众所周知,文学对于学生品德的塑造十分关键,学生通过阅读文学作品感悟其中的真善美,并且在潜移默化中获得道德教育,进一步提高学生的道德修养,可以达到"润物细无声"的教学效果。

大学英语学习的主要目的,就是通过对英语读写方面的练习,提高学生的英语交际能力。在大学英语教学中,通过构建愉悦、轻松、美妙的交际氛围,不仅可以促进交际对象之间的自由交流,还能够提高学生的英语应用能力,让他们使用富有美感的、流利的语言与其他人交谈。教师可以在大学英语课堂教学中,设置不同形式的语言交际训练,如举办英语辩论赛、英语演讲等,也可以鼓励学生与留学生、外籍人士进行交流,让学生在日常生活中产生使用英语的欲望。在大学英语课堂教学中,教师不仅需要传授课本知识,也需要对教材中的美学元素进行深入挖掘,将英语词汇、语法、语音等知识传授与美学教育结合,以美的形式让学生掌握所学的知识,引导学生去感受、体验与欣赏美。这样不仅使学生在英语学习中更加轻松、愉悦,也能够提高学生英语交际的积极性,进一步帮助教师提升英语教学质量。

大学英语教学中很多教师注重学生语言知识的增长以及学生对语言的理解与应用能力,并且将大部分精力放在词汇讲解与听力上,而在一定程度上忽视了对学生文学作品鉴赏与审美能力的培养。大学英语教学中的文学审美意识,不仅代表一种思维能力,也代表学生在英语听、写、译中体现的思维活动,包括发散思维、逻辑思维等,是学生对文学作品进行分析、思考的过程。文学与审美教育要求具有科学性、广博性,让学生在对文学情境、文学对象等进行识别、感悟与判断中调整思路,进而获得美的陶冶。

尽管很多高校已经认识到文学与审美教育的作用,并且倡导在大学英语教学中大力实施,但是研究表明大部分学生缺乏文学审美意识,在文学与审美心理方面也存在较多问题。这一方面与他们面临较大的就业压力,将主要精力放在专业课程上有关,另一方面也与大学英语教学中缺少文学与审美训练有关。很多学生将专业课程以及与专业相关的考试作为兴趣点,热衷于考取各种证书,将各种对未来就业有利的工作作为关注重点,以应对激烈的社会竞争,完全忽视了英语文学审美教学的本质意义。这就导致学生的英语学习直接与考试成绩挂钩,或者直接与就业方向联系在一起,让阅读文学作品与培养审美意识成为空谈,或者直接导致文学审美被学生无视,自然无法发挥应有的教育作用。

研究表明,当代大学生对英语教学中的文学与审美缺少兴趣,甚至有部分学生对文学审美持不屑的态度。这一方面与他们缺乏文学审美意识有关,另一方面也表明他们认为文学阅读与审美意识并没有任何用处或者属于可有可无的。对英语文学与审美教育缺乏正确的态度，导致大部分学生对英语审美教育持消极应对的心态，极大地影响到文学与审美教育的顺利开展。部分大学生也缺乏文学审美鉴赏力，认为阅读英语文学作品费时费力，也缺少对美学元素的发现、鉴赏与评价能力。审美鉴赏能力与个体的主观能动性有关，是感性与理性统一的过程，若个体缺少对客体美的发现、认识与评价，就很难具有良好的美学鉴赏力。学生对英语文学作品缺少鉴赏力，导致他们在英语学习中缺少文学素养、思维能力与创造性活动，最终导致学生美学创造力缺失。

大学英语教学长期将培养学生的语言运用能力作为重点，侧重于考核学生的词汇、句型、英语听说掌握情况。学生在机械、反复地背诵英语材料过程中，也逐渐失去了对英语文学作品进行鉴赏的兴趣，甚至失去了学习英语的乐趣。这样不仅让学生感觉英语学习十分枯燥乏味，也降低了学生对文学的审美热情，导致很多学生被动失去了文学审美享受能力。英语文学审美教育对于提高学生文学修养有利，但是英美文学教育仅是英语专业学生的必修课，非英语专业普遍缺少对英语文学审美的重视，也难以发挥这门课程的积极作用。

在大学英语教学中，文化与审美教育具有积极作用，要想通过文学与审美教育切实提高学生的综合能力，就需要遵循英语教学中文学教育的系统性原则，以循序渐进的方式提高学生的英语文学鉴赏水平。大学英语教学本身属于系统性工程，在培养学生语言应用能力的同时，也需要培养学生的语言交际能力，通过词汇、语法、知识传授，以及文学情感培养、文学知识积累等方式，全面提高学生的语言学习能力。

大学英语文学教学工作的开展，需要引导学生深刻理解英语语言与文化之间的关系，着力提高学生的语言应用能力与文化能力。大学英语教学不仅属于语言教育，也属于文化教育。这是因为英语语言作为一种技能，通过听说读写训练可以让学生掌握丰富的英语知识，完善学生的英语知识结构，并且达到调整人格的目的。

大学英语开设的目的在于提高学生的语言综合应用能力，因此课程内容中应该设置交际训练内容，并且遵循跨语言交际的原则。语言交际能力即一个人通过不同的语言形式达到想要的交际效果，这些语言分为交际语言和非交际语言两种，也体现了个体的整体语言应用素质。跨语言交际中语言的应用涉及多个方面，包括组词成句、语境识别、语言认知等方面的能力，也反映出个体的反应能力、判断能力以及对知识的掌握能力与对事物的认知能力。同时，跨语言交际也体现出个体的文化知识水平，即个体是否能够根据交流对象的需求与交际目的，选择不同风格的语句以及不同的词语进行交流，并配合面部表情、肢体语言等。

语言是文化的组成部分，大学英语教学中对文学资料的分析解读，不可避免地需要引导学生理解文化背景差异，减少跨文化交际中存在的误解，消除学生对外国文化的隔阂。通过英语文化背景的分析与阐述，也可以帮助学生更好地理解英美文化，了解外国文化与我国文化之间的差异，在尊重异域文化的基础上学会欣赏本国文化。学生在理解英语文化背景的基础上，在跨文化交际中实现两种文化的融合，也是提高学生审美能力的有效方式。

大学英语教学中无论修辞、语音还是词汇，其中都蕴含着丰富的美学元素。英语发音的升调、降调、连读、爆破等，犹如婉转、优美的旋律。而英语教材中很多课文均为故事情节，其中包含励志、情感、启智等内容，也蕴含着丰富的审美情感。大学英语教学中，教师应充分利用语言知识，通过流利、优美、亲切的语调向学生讲述学习内容。

大学英语教学中传统的教学模式，一般将教师作为英语课堂教学的中心，以被动灌输的方式让学生接受英语知识。这样的教学模式不仅无法调动学生的学习主动性，也忽视了学生鉴赏美、发现美与创造美的能力。面对培养国际化人才的需求，大学英语文学教育应该更新教学理念，尝试采用多样化的教学方法，充分展现英语文学的魅力，充分展现教师个人的独特魅力，引导学生积极发现美、创造美。

大学英语是一门具备艺术性、综合性的课程，也蕴含着丰富的文学审美元素。文学与审美教育是大学英语教学的重要部分，也是我国推行素质教育必不可少的内容。高等教育对于培养学生正确的人生观、价值观具有重要意义，也是学生完善自身品格的关键时期。英美文学作品中蕴含着对生命、对社会的思考，对真善美的追求，对于大学生而言具有较高的人文教育价值。在大学英语教学中开展文学与审美教育，对于提升学生文学素养、培养学生审美意识是有益的。教师通过文学与审美教育可以让学生受到美学熏陶，进一步提高学生的审美鉴赏能力与语言表达能力，最终实现品德与知识体系的协调发展。

第二节 英语文学的教学方法及策略

世界已经进入多元文化相互交融，跨文化交流无限畅通的新时代。多元文化的相互交融要求我们要基于多元文化视角来审视与探讨问题，意味着我们要突破文化的羁绊，取长补短，互勉共行。高校英语文学课程是英语专业学生的选修课，历经多年，该专业一直都在探讨适宜的教学模式，并力求有所创新，与时俱进。跨文化既是英语文学教学的立足点，也是英语文学教学的目标要求。

英语文学是传递英语文化的重要媒介，学生通过英语文学课程的学习，发现英语语言的文学美与文化性。然而，一些高校为了适应时代的发展，将英语文学课程改为英美文学课程，削弱了英语文学的语言性和文化性，侧重于英语文学的民族性与地域性，这是英语文学教学功利化、政治化的表现。英语文学教学学科地位不明确，就无法发挥其文化传递的功能，无法将英语语言所依赖的历史、政治、哲学、文化等文化属性通过文学作品传播出去。在经济全球化、文化多元化的新形势下，学生对于课程的选择，喜欢运用商业投资与市场发展的视角。对于英语文学来讲，如果学科目的单纯地定位于语言文化感知与文化传递上，会受到教育市场的排挤，会被边缘化，由此导致英语文学学科有政治化、功利化的倾向。

当前，很多高校所使用的英语文学教材主要有"新编"英美文学选读和英语诗歌选读等。这些于近期出版发行的教材毫无"新"意，基本上都是20世纪五六十年代的内容。例如，《英国文学选读》的主要内容包括英语文学发展的所有时期的文学代表作品，教材的编写似乎要向学生呈现一个完整的英语文学发展史，囊括各个文学发展时期的精品。殊不知，将各个时期的文化精品胡乱地堆砌到一起，不仅无法展现英语文学的瑰丽灿烂，反而使英语文学显得支离破碎。英语文学教材的编撰应综合考虑文化传播、文学发展、学生的认知特点、身心发展成熟度以及时代特征等因素。整个教材选用的文学经典应该是一脉相承、浑然一体的，这种堆砌式的教材内容组织手法不仅丧失了英语文学的文化性、时代性，还使英语文学缩版为英语文学史，历史韵味过于浓厚，抹杀了本应属于英语文学的精彩。

对英美文化的不了解，导致学生在阅读、学习时会出现一些问题。如对于颜色的理解不同：白色，在中国代表着死亡，而在一些西方国家则代表着权力，而权力在中国以黄色为代表。所以对他国的文化要有所理解，才能更好地学习英语，在学习时才不至于被不同的文化所误导。

如上所述，英语文学学科地位的边缘化导致其文化传播作用被削弱。基于跨文化的视角分析英语文学学科地位，它应该是被推崇的、被明确的、被支持的，完全立足于文化传播的主体地位之上，凭借其在英语文化传播上所具备的得天独厚的优势，其地位不应被排挤，其学科设置也不应带有浓厚的政治功利色彩。

文学是文化的载体，是语言运用的最高形式。世界各种语言文学形式都是人类共有的精神财富，它应该被人们共享，而不应与物质财富产生特定的关系，成为换取物质财富的"奴役"。同样，英语文学教材过于陈旧，组织不合理会阻碍文化传播目标的实现。文学是文化的载体，泛起文学的方舟是为了能够前行于文化的海洋之上。如果选用的文学作品不科学、不合理、不适宜，就无法保证学生通过文学作品的学习，领略英语文化的炫丽之处，无法激发学生对英语文化的热爱之情，无法引导学生更深入地研究以英语文化为基石的英语文学作品。正是由于英语文学教学模式中存在这些问题，因此，我们应尝试进行改革，寻找跨文化背景下的英语文学教学策略。

英语文学教学被边缘化，值得我们深刻反思。当文学被赶出语言教学体系，或者说，文学被语言教学排挤，是不正常的教学现象，这是由于脱离了"文学"的语言教学将沦落为语言工具说明，不再具备语言的"灵魂"，长期下去，语言教学也会自取灭亡。明确英语文学的地位，就不应使英语文学教学屈从于千变万化的教育市场，不能迁就于错误的教育导向，应坚持英语专业发展的学科根基，站稳"文学"的脚跟。明确英语文学教学地位，还要基于跨文化的视角来探讨英语文学教学，不脱离文化传播目的，不偏离文化传播需求。一线教师更应充分运用教育技术，灵活运用教学方法，将学生的学习兴趣积极地调动起来，让学生回归英语文学学习是为了了解英语文化的本位需求。

英语文学教材不应该成为英语文学发展简史，而是应该以文学为主线，通过文学作品让学生认识到，英语文学是世界文学的重要组成部分，感受到英语文学的文学性、美学性与整体性。教学文本既可以是长短篇小说、诗歌、散文，还可以将经典的戏剧片段、电影片段纳入其中，使教学内容变得丰富多彩。选材范围也不必只局限于英国、美国这样的发达国家，不再让学生认为英语文学是英美国家的财富。

同时，避开那些年代过于久远，与学生的生活时代特征相差甚远的文学作品，可以选择当代的亚洲、非洲、拉丁美洲等地区用英语撰写的文学佳作。亚洲、非洲、拉丁美洲等地区的英语文学创作者，在纯熟地运用英语语言的基础上，更将多元化的思想渗透到文学作品之中，使英语文学作品的文化内涵得到外延与拓展。英语文学的选材标准应该是一个动态的发展概念，学生的兴趣也应该是被积极地引导与转化的，不要让学生成为多元文化的追逐者，而是要成为多元文化的传播者。

英语文学体现出来的是英语语言文化，在教学过程中，教师应注意英语语言文化与汉语语言文化内涵和思维方式的差异。教师应拓展自身的文化知识，增强自身的英语语言文化储备，从语言、文化与交际三个方面对教学工作进行深入的研究，分析三者之间的紧密联系，得心应手地将英语语言文化传授给学生，让学生掌握英语语言文化的特点。学生跨文化交际意识的培养需要以课程地位明确与教材编写科学为前提，教师在跨文化交际意识培养的过程中，也应对课程地位的确定与教材编写工作产生反作用力，推动课程地位进一步明确，对教材的科学化编写产生促进作用。

基于跨文化视角的英语文学教学工作，不仅承载着让学生感知英语文学魅力的责任，更肩负着提升学生对英语文化感知力的重任。因此，在未来的英语专业人才培养过程中，教师应该审时度势，基于文化传播的高度来理智地组织英语文学教学工作，促进学生英语专业水平和综合语言素养的提升。

文学素养是反映英语专业学生专业素质的一个重要方面，特别是在英语课程教学中，英美文学欣赏作为英语教学的一个重要组成部分，对于英语专业能力的形成具有重要作用。同时，英美文学欣赏课程也是学生对英美国家文化背景从熟悉到认知的重要课程。在目前的英美文学欣赏教学过程中，普遍存在着教学效果一般、教学方法有待优化等问题，需要英语教育工作者结合英美文学欣赏课程的特点，有针对性地做好教学工作。

一、英美文学欣赏教学的内涵解析

（一）把握原著的创作背景

英美文学作品的教学效果如何，首先是要让学生了解原著的创作背景，特别是作者所处的文化背景、社会背景等相关因素。所以对于英美文学欣赏教学而言，作品背后的文化因素才是让学生能够深入了解作品内涵的重要方面。在目前的英美文学欣赏教学中，普遍存在着就作品谈作品而脱离作品所在的文化背景等问题，这不利于学生完全掌握原著的创作起源和社会文化背景。所以说，把握英美文学作品原著的创作背景是开展英美文学欣赏教学的核心要素。

（二）了解学生的知识水平

如何开展有效课堂教学，首先要做的就是了解学生的知识水平如何。对于英美文学欣赏课程而言，大多数学生对于课程内容背后的文化背景并不了解，即便是有些学生阅读过相关的名著，也只是基于自身的知识水平和结构对原著进行解读，并没有从大的文化背景的角度去解读相关内容。在课程教学中，学生关于英美文学作品的知识水平也不是一蹴而就的，需要他们在日常的阅读积累中不断提升，形成相应的知识结构和能力水平。

（三）制定相应的教学策略

选择合适的教学策略是开展有效教学的前提，英美文学欣赏课程也不例外。在课程教学中可以适时地采用目标导控教学法，将英美文学欣赏的教学目标进行设定，比如学生应该掌握什么样的知识背景，通过课程学习形成什么样的学习能力和知识结构。这样才能在教学的过程当中，围绕教学目标开展有针对性的教学。

二、英美文学欣赏教学困境解析

英美文学欣赏不同于一般的阅读教学，它虽然包含着认知活动，即从文本中获取信息、知识等，更主要的是一种审美活动和再创造活动。教学的主要目的不是让学生从文本中获取信息和知识，而是通过文本的阅读让学生获得一种美感，这种美感的基础是文本，但来源是多方面的，既可能是文本的语言，也可能是文本所传递的信息。学生能取得多大程度上的愉悦，既与学生期待视野关系紧密，也与教师的引导密切相关。目前的英美文学欣赏课的教学效果并不理想，究其原因是多方面的，下面几点是一些共性问题：

（一）新教师的知识结构不平衡

现在年轻的英语老师，虽然大学接受过系统的英语训练，知识相对比较全面，但这并不表示能够上好英语欣赏课。很多年轻教师对英语阅读与文学欣赏两者之间的区别并没有清楚的认识，把文学欣赏理解为一般的英语阅读，从而导致学生对英语的感知能力得不到很好的培养，影响英语教学质量的提高。文学欣赏能力的培养，当然离不开知识的积累，但更多的是兴趣方面的需求。同样的一段文字，如果是普通的阅读，我们的着眼点在获取知识和信息，虽然其中也可能包含着审美活动，但这种审美活动只是伴随阅读而来的附属品，而不是阅读的主要目的。如果是审美，同样是阅读，文本就成了审美对象，我们的目的是从中获得美的享受。这种能力是需要培养的，不同的欣赏能力，从相同的文本中获得的审美享受是不同的。我们通常说，有一千个读者，就有一千个哈姆雷特。这是就审美活动是一种再创造活动而言的，但就审美能力来说，这句话也是有意义的，虽然不同的读者眼中创造出不同的审美意象，但这一过程中所产生的审美愉悦也是不一样的，这与读者的审美能力、审美情境等有关。现在的年轻教师多没有表现出对审美性阅读的兴趣，这在很大程度上影响了文学欣赏课的质量。

（二）教学方法的选择偏差

教学的文学欣赏能力是上好文学欣赏课的基础，没有这个基础，是很难上好文学欣赏课的。文学欣赏是一种感觉，也是一种能力。如果教师对文学没有兴趣，怎么培养学生的兴趣？因此，我们说，教师的文学鉴赏能力是上好欣赏课的基础。有了这个基础后，还需要开发教学方法，即怎么培养学生的文学欣赏能力，让学生在阅读中获得审美享受。文学欣赏需要知识，但更需要感觉。我们可能没有水墨画的知识，但我们可能对水墨画产生感觉，如果我们有感觉，就能获得审美愉悦。有了这样一种审美愉悦后，就会反过来激发我们研究水墨画，获取更多的相关知识，从而进一步提升审美水平，获得更多的审美愉悦。培养学生的审美感觉，需要教师在教学方法上下功夫。如果我们简单地告诉学生文学的形式好在哪里，内容好在哪里，这也能让学生对文学作品有所感觉，加深对文学作品的理解，但这样的教学效果不会很好，因为学生很可能把教师的解读当成标准，这在一定程度上会对学生的审美想象的展开产生抑制作用。审美是一种感觉，教师要在理解审美对象的基础上，通过声光电等现代手段，结合一些特别的文字提示，让学生自己从作品中获得独特的理解。对于学生的理解，只要是真正地从文本阅读中获得感觉的，就要予以肯定，让学生在被肯定中增加阅读兴趣，获得更多的审美体验。

（三）学生学习兴趣激发不够

上面我们谈到教师的欣赏能力和教学方法对文学欣赏课的影响，其实就真正的文学欣赏来说，其核心是兴趣。如果我们对足球没有兴趣，就只会看到一群人在球场上乱跑，而不能产生任何愉悦的情绪；如果我们对古典音乐不感兴趣，感受到的可能不是悦耳，而是噪耳。但不管是哪项活动，兴趣都是可以培养的。想想我们对京剧的感受吧，有多少人对京剧感兴趣呢，它似乎是少数人的专利。但我们看到那些京剧票友如痴如醉的样子，就可以想象他们获得了多大的审美享受。实际上，对一个东西的热爱，乃至痴迷，与其所处的环境有着莫大的关系。经常接触京剧，就会因熟悉而热爱。经常接触交响乐，也会变得痴迷。文学也一样，只有经常接触，才会产生热爱之情。中国人的人均阅读量很低，说明没有阅读氛围。生活在一个没有阅读氛围的环境中，要培养对文学的兴趣是有一定的难度的，更不要说以英语形式呈现的英美文学。因此，教师要在让学生多读、多体会上下功夫，让学生在阅读中感知到英语之美、文学之美，从而产生内趋力，主动阅读、反复阅读，在良性循环中不断提高英语阅读能力和文学欣赏能力。

三、英美文学欣赏教学优化策略建构

（一）强化背景知识的延伸阅读

英美文学欣赏的教学不是一蹴而就的，需要教师发挥主体性作用，利用现有的教学条件，优化英美文学欣赏课的教学策略。英美文学欣赏的教学不是一个单一的课堂知识的教学和灌输，课堂教学对于英美文学欣赏来说只是一个微小的组成部分，就知识本体来说，英美文学欣赏课程所提供的素材只是教学的一个环节，英美文学欣赏更加强调的是所提供的素材背后的背景知识对于欣赏作品的影响。欣赏一段英美文学，不能对主人公的行为带有任何的傲慢和偏见，必须结合广阔的社会大背影了解文学背后的故事，学会欣赏英美文学背后的美。

（二）科学选择课堂教学方法

英美文学教学内容选择之后，教学方法成为决定教学效果的核心要素，教学有法但是教无定法。英美文学欣赏教学方法的选择与教学内容的选择存在相关性，一般的英美文学欣赏课教学内容都会选择世界名著作为教学内容。对于那些以婉约为主要表现手法的作品来说，教师通过示范朗读的教学方法让学生在阅读和理解中学会欣赏英美文学的意境美。比如电影具有文学价值，可以丰富教学内容、增加课堂互动性，可以应用于文学课堂的教学中并列举电影在讲授小说、戏剧、诗歌和文学理论时的独到之处。但是倘若是《追忆似水年华》这样的英美文学片段的教学，以阅读为主的教学欣赏就会令听者觉得很晦涩，晦涩的文字本身就不好理解，对于这种意识流文学作品的教学必须采取汉语文言文式的教学方法，逐字逐句地阅读和翻译，让欣赏者在理解中学会欣赏文学背后的美，欣赏文学背后的内涵，体会作者的意境，若是不理解，文学的美感就丧失殆尽。因此，教学方法的选择必须与英美文学内容的选择相契合，寻求英美文学欣赏教学的意境。

（三）激发学生文学作品感知

教学是一个双向活动，教师的教学最终用学生的满意度进行检验，对于英美文学欣赏课来说，教学不是教学生怎么学，也不是教学生如何提问的经典教学步骤，英美文学欣赏最终的目的是让学生学会欣赏，学会体验英美文学的意境美。对于英美文学的教学来说首先要激发学生对英美文学的兴趣，让学生在体验和感知中习得英美文学的美，没有体验和感知，英美文学课程就流变成翻译课程的教学。所以在英美文学教学中，可以利用改编电影及其他教学手段进行多模态教学，调动学生多模态感官参与教学活动，多模态地解读文学作品，实现英美文学教学的目的。因此，在教学的时候首先是激发学生的感知，让学生学会欣赏英美文学，欣赏英美文学的意境，实现教师教学的目的。

随着教育体制的改革和新课程改革的不断深入，在大学英语教材中涉及了很多的英美诗歌、戏剧等文学类知识内容，在教学的过程中要求学生对英美文学进行更加深入的了解。在英语教学的过程中，英美文学作品的出现能够激发学生的学习兴趣，有利于大学教师开展课堂教学，拓展学生的知识和文学视野，提高学生的英语文学素养。因此，在大学英语教学的过程中，对英美文学进行渗透有着重要的意义，能够促进学生全面的发展。

在大学英语教学的过程中，融入了很多有关英美文学的文章，通过对英美文学知识的学习能够让学生感受到英语学习的乐趣，促使抽象、难懂、繁重的英语课程变得生动有趣。英美文学一般具有一定的故事性，能够表达具有哲理性的知识，在教学的过程中进行英美文学知识渗透能够提高课堂教学的质量，促进学生有效地掌握词汇、句型、语法、阅读以及写作等基础知识和技能，同时丰富学生的文学知识，让学生深入地了解文章的深层次内涵。因此，教师在教学的过程中，应结合课堂教学的内容，对英美文学知识进行渗透。教师可以引导学生进行思考，生活环境、成长经历对作者的作品有着怎样的影响，要求学生带着问题开展课堂的学习。同时教师应当引导学生对作者的其他作品进行课后阅读，丰富学生的知识内容，开阔学生的视野。

英美文学是英语课堂教学中的重要内容，也是教学中的重要教学资源。在英语课堂教学的过程中，教师应当重视在对英美文学教学的各个环节中进行文学知识渗透，同时加强学生的听说读写能力的训练，提高学生的英语基础技能和综合能力。通过这样的方式，在潜移默化中对学生进行英美文学的培养和熏陶。因此，教师在教学中将英美文学渗透到英语的阅读、写作以及听说的过程中，让学生在进行英语学习的实践过程中，感受到英语文学的魅力。例如，在英语教学的过程中，教师可以结合课堂教学的内容，通过电影片段的播放，让学生对影片中人物之间的对话进行分析，如说话的语速、语调以及神态等，让学生对部分经典片段反复观看，促进学生有效地理解和运用。同时教师应当组织学生进行对话模仿，培养学生的英语应用能力。

在英语的课堂教学中，激发学生的好奇心和求知欲能够充分地调动学生的学习兴趣。兴趣是学习最好的老师。在传统的英语教学中，教师重视对学生英语知识内容的传授，采用传统的单一的教学方式，导致课堂教学气氛沉闷，学生感觉英语内容枯燥无味，缺少学习兴趣，学生的学习效率很低，英语课堂教学难以取得很好的成效。因此，在英语教学的过程中，结合课堂教学的内容进行英美文学知识内容的渗透，能够有效地调动学生的学习兴趣，激发学生对知识的好奇心和求知欲，提高课堂教学的有效性。

在英语课堂教学的过程中，涉及很多有关英美文学的文本内容，由于学生缺少有效的知识储备，对于英美文学知识了解甚少，因此，在英语课堂教学的过程中，教师通过对文学知识内容的渗透能够丰富学生的文化知识内容，有利于学生的英语课程学习，开阔学生的视野，提高学生英语听、说、读、写的能力，促进学生英语综合素养的提高，激发学生的学习兴趣，提高课堂教学效率，促进大学英语教学的发展。

众所周知，大学阶段，英语专业的学生均会学习英美文学这一门课，那么大学阶段提前涉及英美文学相关的教法和学习方法，应该得到重视。在当前的社会大背景中，在经济全球化的今天，英美文学课究竟应该如何设置，英美文学课的教材究竟应该如何编写，编入哪些内容才更科学，更符合学生的实际，英美文学课究竟应该怎样上才能更有效地吸引最广大学生的积极参与，讲授英美文学课的教师应具备什么样的素质，解决这些问题对英美文学的教学提出了一定的教学要求。

大学英语学习阶段，学生往往更多地就语言本身去进行枯燥、反复的记忆，没有深入地欣赏和理解其中存在的优秀文学文本。对大学生而言，他们需要更多地了解英语语言文学的传统，细细品味文字本身的魅力，对英语这种语言背后隐藏的含义进行更深刻的理解，这样才可以从文学文本中了解更多相关信息。

以课内拓展的方式延伸到课外，很少有学生能够自觉地去阅读更多英文作品，平时的试卷、课文单词和短语已经让他们不堪重负。这时，有了对文学作品的赏析，就能够提高学生学习英语的自主性。

学生在学习英文作品时可以先进行简单的分角色朗读，每个小组以自愿或者推选的方式选出合适的或者自愿朗读的学生，对不同的情景进行有感情的朗读，文本中既幽默又讽刺的话语所反映出的现实社会，有助于提高学生对于小说的情感认知和文学欣赏能力。学生在分角色朗读时，都需要细细地揣摩人物的内心，更多地展示出当时社会上人们那种以貌取人的风气和人生百态。

另外，文学作品中文字的趣味性会带给学生不一样的感受。以话剧方式排演英文文学选段，能增强学生的认知能力和口语表达能力。笔者曾经让所教班级学生进行话剧表演，表演结果超出了笔者的预期。学生很热情，对台词也进行了精心的准备，道具也借助了一切可以找寻的设备，非常用心地上演了一幕幕精彩的话剧。学生还积极地对《白雪公主和七个小矮人》和《泰坦尼克号》进行了合理的、符合现代气息的改编，发挥了团队的自主性和创新性。

另外可以对英文电影中的人物进行有趣的配音，比如《皮格马利翁》或《百万英镑》，或《海底总动员》《狮子王》《功夫熊猫》等好玩的动画片，以形象生动直观的方式激发学生的表演欲望。在表演过程中，学生也更深层次地体会到英美文学本身的文字之妙。相对于简单地欣赏课文，学生能诠释得更完美，加入了各自的感情色彩以及对文本的理解后，对整个文学文本都有了更合理的认识。

教师也可以组织学生续写作品，每个小组讨论故事接下来会发生的情节，既可以以情景剧的形式表现，也可以以口头表达的形式表现。笔者所教的两个班级的大部分小组是以表演的方式来进行诠释的，他们很好地发挥自身的想象力，既有幽默风趣的演绎，又有依依不舍的情感表演。在带动整个班级活跃气氛的同时，学生自身也体会到了编写故事的愉悦。以小组讨论的方式来组织各自的语言，也增强了每个小组的凝聚力和创新性。

除了上述说的这些教学策略,当学生在课外欣赏英文名著时,不妨以这些文学名著的语言为基底,为学生打下牢固的语言基础。学生可以以名著中的经典句子来仿句,改善写作能力。例如,为人熟知的《傲慢与偏见》中的经典开头:It is a truth universally acknowledged that a single man in possession of a good fortune must be in want of a wife. 学生就可以模仿其句式,在写作中对"It is a truth universally acknowledged that..."加以运用。

实践表明,在教学中渗透英美文学常识有助于学生了解与熟悉英美文化,培养学生多元文化意识,从而减轻跨文化交际的焦虑。此外,学生利用课余时间去查阅相关文学作品,挖掘其主题、意义和文化内涵,进而可能引发对人生的思考,这既丰富了学生的情感体验,又促进了学生个体的成长。在对文学作品本身深入了解后,学生无形之中便增加了对英语语言的理解和认知。

如果文学教学和文化教学能很好地结合起来,就一定可以调动学生的学习积极性,提高文化素养,成功地应对 21 世纪全球化形势的挑战。文学作品作为一种欣赏性文本要求读者体会和感受,在大学阶段,教师需要更多地将这种欣赏真正转化为具体的体验,让学生以不同的方式感受文学作品的魅力和时代感,从而也能使学生对英语这种语言有更多的接触,进而对英语学习有一定的积极影响。

新形势下,随着经济的发展、社会的进步,社会众多领域都发生了极大的变革,教育亦是如此。在开展现代教育活动时,不仅要重视传授学生专业知识,还要加强培养学生的综合素质。人文素质作为学生综合素质的关键部分,对学生的身心健康和全面发展有很大的影响,而英语文学教学对学生人文素质的培养有很大的影响,所以,在教学过程中,英语教师应充分利用英语文学教学的特点,不断丰富学生的人文内涵,提高学生的人文素质。

人文性首先应该在教学定位上得到充分体现。如今的大学英语教学大纲应强调英语专业的人文性，明确文化意识、情感态度以及学习方法的要求，坚决反对纯科技英语教学，明确英语学习目标的内涵。例如，教师在讲解英语课文时，切忌只将生词与语法当作学习重点，应引导学生正确理解文章思想、分析文章写作背景以及挖掘文本细节。

英语学科隶属人文学科范畴，强调人文性、人文模式，就是强调英语教学的过程，强调文学素质的培养以及文化背景的影响。这是一种非功利性的教学模式，却能体现人才培养的具体要求，耶鲁大学著名学者津瑟说："培养学生的人文素质，就是培养学生看到事物之间关联性的综合能力，就是培养学生权衡和比较因果关系的能力，就是培养学生全面客观地审视事件的能力。"由此可见，学生通过学习开阔视野，不断培养学生目光的穿透力以及认清错综复杂事物之间潜在关系的能力。英语教师通过在英语课堂上引导学生阅读经典作品来获得以上这些能力。

传统大学英语教学过分地重视培养学生口语等实用技能。一个人的口音与外貌的作用相似，都是外界评判的重要依据，这也是为何相当多的人梦想讲出一口流利、地道的英语，用英语自由地与人交流。但是，这并不是学习英语的唯一目的。如果没有文学底蕴、没有相关的语言文化知识，那么英语说得再好，也只是一个外表美丽内心空虚的语言机器，因其缺少最根本性的东西。详细点说，英语学习是一门人文学科，人们通过学习英语，激发自身思维与文化深层次的意识，以便于更好地理解语言与文化之间的关系。这也是人文性教学定位的目标。

在英语教学中，关于人文性的探讨主要有三方面：教不教、教什么、如何教。大学英语教材处于不停地改版阶段，让一大批英语教师手忙脚乱，从前的上海外语教育出版社一枝独秀局面已不复存在，如今上海、北京、浙江等多家出版社都在出版大学英语教材，激烈的竞争结果就是，大学英语教材形式越来越新颖、知识量越来越大、内容越来越复杂，学生反馈结果也不理想。因此，在编写大学英语教材时，应选择人文性定位取代以前的"工具型、技能型"定位。坚持以人文精神作为指导思想，教材内容涉及的知识面应非常广泛，让学生能够零距离接触到经典的欧美好文章、好作品，内容应涉及文学、政治、经济、文化、医疗、心理等多领域，并且要适当降低文章中的语言难度。

此外，大学英语教学内容，应充分关注学生的四种情绪：第一，教师应努力激发学生对英语的好奇心，这需要教师正确的引导。第二，提高学生学习英语的兴趣，因为"兴趣是最好的老师"。第三，在一定程度上提高学生的焦虑度，适当加大课文学习以及课外练习的难度，让学生知道知识不是信手拈来的，需要通过一定的努力，引导学生正确思考。一方面，这种焦虑一定要适量，不能没有焦虑，否则会让学生没有兴趣，产生逃课行为；另一方面，这种焦虑不能过量，一旦过量会让学生产生挫败感，打击自信心。第四，让学生感到愉悦，即学生在经过一段时间的英语学习后能明显感觉到知识量的增加，从而产生成就感，产生愉悦的心理。综上所述，教师在教学过程中应重视调节学生情绪，这也是贯彻人文性的重要一点。

大学英语教师在教学过程中，不仅要高度重视提高学生的人文素养，还要重视提高学生的英语素质和文化素养。在教学过程中，一定的欧美文学阅读能有效引导学生去认知世界、搜索获取信息、培养思维能力。所以，英语教师应重视培养学生的阅读能力，帮助学生在阅读过程中全面掌握批判与辩证的方法，从而提高学生的人文素养以及文学素养。笔者认为，提高学生的英语阅读能力，有以下几点：

第一，教师具备较强的教学能力以及专业素质，引导学生培养英语文学学习兴趣，从而在教学过程中提高人文素养。

第二，教学过程中，首先教师在引导学生阅读与鉴赏文学作品的过程中，慢慢提高学生的写作能力，再深层次培养学生人文素养，引导学生在写作过程中将自身对世界的认识与理解充分记录下来，并引导学生之间、学生与教师之间多沟通交流自己的世界观，从而重新认识和理解世界。其次，学生在写作过程中深层次感受生活，记录社会中的真、善、美，不断提高自己的人文素养。

第三，英语教师在提高学生口语水平的过程中培养学生的人文素养，口语相比写作，直抒胸臆。但是，口语能力的提高需要学生长期的阅读与写作积累，三者相辅相成、互相促进，最终培养和提高学生的人文素养。

大学英语文学教学本身具有一定的规律，所以，在英语教学过程中，英语教师应积极创新英语文学教学规律，帮助学生深入地认识和理解英语文学人文内涵。英语文学中的人文内涵非常丰富，并能对学生的日常生活产生一定的影响。不同的学生个性不同，因此，不同学生对英语文学内涵的理解也有所不同。笔者认为，在教学过程中，首先教师应高度重视英语文学内涵对人文素养培养的重要性，创新整合这些内涵，在尊重学生个性发展的前提下，充分发挥这些内涵影响学生，从而促进学生的全面发展。其次，教师可采用多种途径来创新英语文学教学规律，如利用英语文学教学的实践性帮助学生深入理解这些内涵；引导和鼓励学生大量阅读优秀的课外读物；引导学生之间多沟通交流，分享各自的人文感受，博采众长，不断促进学生的身心全面健康发展。

在英语教学过程中，教师应事先了解学生的兴趣爱好，然后收集一些他们感兴趣的课外阅读材料，鼓励他们深入阅读，挖掘其中的人文内涵。

在开展大学英语教学活动时，首先，英语教师不仅要传授丰富的理论知识给学生，还要全面发挥答疑解难的作用。具体而言，英语教师一方面要帮助学生夯实英语专业知识基础，另一方面还需积极引导和鼓励学生树立正确的人文思想，引导他们树立正确的世界观、人生观和价值观。现阶段的大学英语教材中，有很多优秀的名人事迹，这些人、事、物中就蕴含了丰富的人文精神，学生通过学习这些优秀的人文精神来培育和提高自己的人文素养。

在开展英语教学活动时，英语教师必须全面掌握、深层次理解英语文学教材潜在价值，然后将这些人文精神充分渗透在课堂教学中，对学生产生潜移默化的影响，引导学生塑造独立人格并不断完善。例如，教师在讲解欧美作家托尼·莫里森的文学作品时，首先要带领学生正确认识作品中蕴含的个性以及鲜明的特点；其次还要引导学生理解作者对母爱完美的诠释，同时，教师可邀请班级学生讲述自己理解的母亲形象，根据自己的切身体验来阐述自己对母亲的认知，让学生升华自己对母爱的认知，学会孝敬父母，并不断反思、升华自己的精神世界，从而培养自己的人文素养。

在大学英语文学教学过程中，首先，英语教师应充分发挥现有教学资源的优势，营造良好的人文素养氛围，最终培养学生的人文素养；其次，教师在教学时，应重视转变自己的角色，随着新课程标准的深入发展，课堂上应充分体现学生的主体地位，教师作为参与者、指导者，应引导学生充分发挥自己的主动性，采用多样化的教学手段，激发学生的学习兴趣，不断提高他们的学习热情；最后，教师要引导和鼓励学生提高创新、探索精神，深入研究英语文学，挖掘潜在的、丰富的人文内涵，从而培养学生的人文素养。

在教学过程中，英语教师还要重视提高学生的质疑能力、思考能力，引导他们积极提问。对于提出的问题，教师可组织班级学生进行合作探讨，培养他们的团队协作意识，让团队在共同合作、努力中得出最终的答案。

在开展英语文学教学活动时，英语教师应高度重视学生情感的贯穿，优秀的英语文学作品中都蕴含着丰富的感情与思想，在讲解、探讨这些英语文学作品时，教师要鼓励和引导学生全身心投入，身临其境地体验这些情感与思想，引导学生与这些作品在情感上产生共鸣，深入、深刻地理解这些优秀作品中蕴含的人文内涵，并以此为标杆，提高学生的道德素质以及人文修养，最终促进学生身心全面健康发展。

综上所述，笔者从大学英语文学教学的定位、内容以及具体策略方面发表了自己对于培养学生人文素养的一些看法。英语作为一门人文性学科，要想学好英语，离不开学生的活动以及参与，教学时，教师切忌"灌输式""纯理论式"教学。应高度重视英语的人文性，全面掌握、深入理解英语的人文性，有利于学生全身心健康发展。从一定程度上说，大学英语教学应始终坚持"以人为本"的教学理念，坚持以学生为主题，引导学生在学习优秀的文学作品时，能产生强烈的情感共鸣，吸收其人文内涵，不仅有利于学生身心健康发展，还能有效提高学生人文素养，并提高他们的发展潜力以及竞争能力。

在目前的英语教学过程中，英语教师过多重视对文学中词汇，以及重要语法的讲解，对学生进行自我学习没有形成全面性的关注。尤其是在英美文学教学中要求学生能够翻译，对阅读过程中如何做好阅读理解类试题形成精准性指导不够。在进行教学目的的贯彻过程中没有能够粗略结合，尤其是在教学过程中形成整体性的认知情况较少。

大学英语的教学时间是非常有限的，在对内容进行讲授的过程是非常繁复的。在英美文学的教学中只是简单进行翻译以及阅读练习，将此种机械性训练的过程作为主要的教学手段，从一定的意义上来说缺少创新，尤其是不能在教学过程中塑造学生分析问题以及解决问题的能力。因为英美文学课文长，难度大，并且概念性内容多，形象思维内容少，而语法点繁杂，造成学生被动性明显，单一途径的教学往往让学生难以掌握。

在英美文学的教学过程中往往是对语言教学中的词汇以及理解方面进行精准性的讲解，而对文学的内容往往不能形成深入性分析，这与高校英语教学的课时紧张有关，但是更多的情况下是因为在教学理念方面没有能够形成精准性塑造，以及在教学的过程中没有能够形成在历史地理知识和礼节文化习俗知识方面的深入分析和应用过程。英美文学在教学应用内容方面引入不足的一个原因，是教学准备的过程中不充足以及自身的教学依据方面存在问题。

英美文学虽然很多篇章进行了一定改写，但是对大学生来说在学习过程中依然存在一些困境，比如"a white lie"不是"白色的谎言"，所以对一些难点和重点的地方需要教师能够进行点拨，以及进行方法的传输，给学生设定对英美文学学习的基本目标。在进行英美文学教学的过程中突出一个整体性的认识习惯塑造，也就是能够在教学过程中进行表演和演示。教师在英美文学的教学过程中主要是培养一种习惯，根本性的目标是能够形成对工具书的利用，形成自我独立解决英美文学学习中存在的问题。

在英美文学教学中需要形成多元化的教学全面开拓的过程，也就是在教学过程中能够进行穿插提升，激发学生进行主动思考，形成一种生命力和活力的创造过程。另外在教学过程中可以进行情景设计，也就是能够遵守循序渐进原则，在注意力和兴趣点方面形成精准性切入。进行提问需要预习布置、循序布置等全面性的优化，推动学生素质水平目标的实现。让学生对英美文学的文章能够在自读的情况下进行文章结构和表层信息的全面性了解。如果学生在进行积极体验的过程中能够形成主动思维，大胆实践，将会提升学生的自主学习能力。

在英美文学的教学过程中需要引入地理和历史背景知识，目标是能够激发学生的探索和求知欲望，学生在一定意义上才能够对英语的语言本质和思想内涵形成精准性的理解过程，更好地理解，促进准确地运用英语。因为文化习俗，教师在进行英语语言文化的展示过程中往往会产生误解情况，甚至于在一定程度上不能够对交往等做到更好尺度的把握，不够有礼有节。这就需要教师能够积极和全面性提升自我的英美文学素养。

总之，推动大学阶段的英美文学英语教学并不是一朝一夕的工作，需要在进行英语教学的过程中长期坚持以及能够在教学目标方面积极灌输，在教学手段方面灵活多变，在教学内容方面能够进行知识的拓展，推动英美文学在大学英语教学过程中得以积极应用。

以 2000 年《高等学校英语专业英语教学大纲》（以下简称《大纲》）为例，在核心课程设置中，低年级 92%～100% 为语言技能课程，四年全部课程的 65% 为语言技能课程，15% 为语言、文学专业知识课程，另有 20% 的相关专业知识课程。这样的人才培养理念和模式虽然对学生的语言训练起到积极的推动作用，但是它在帮助学生达到《大纲》所规定的"宽广的知识面、一定的相关专业知识、较强的能力和较高的素质"培养要求方面，显得先天不足。很多专业教师和学者发现，英语专业的学生普遍存在学习兴趣不尽如人意、知识面偏窄、谈资匮乏、思辨能力较弱等问题。尤其是读写能力，就像张绍杰教授指出的那样："在当今以互联网作为重要媒介的信息时代，新生代的英语学习者普遍发生了读写危机！四年本科毕业未读过一本原著的大有人在，未读过文学经典的普遍存在，未读过语言学经典的不计其数。写的情况更不尽如人意，除了毕业必须完成一篇所谓的学术论文之外，多数学生从未写过一篇篇幅较长内容完整的英文习作。"学者们呼吁高校英语专业要回归人文学科，体现人文本质。也有高校已经做出以内容为依托（content-oriented）的课程体系改革研究，文学类课程不仅在低年级阶段取代原有的技能型课程，突出专业特色的文学类课程在很多高校人才培养方案修订工作中，也得到充分的重视，并在很多院校的核心课程设置中加大了比重。

按照"以内容为依托"的理念，教学的组织围绕着学生即将学习的内容或信息，而不是围绕语言大纲或其他形式的大纲展开。教学的重点从学习语言本身转移到通过学习学科知识来学习语言，即经由内容习得语言技能。那么，作为专业知识内容的文学课程在提升学生语言技能、思辨能力及人格塑造方面，有着无法替代的作用。一是文学作品来源于生活，是想象世界中的社会，富含生活语言、语料，对于非英语母语的学生来说，文学文本提供了丰富的各式话语范本，阅读这些文本的过程便是由外向内扩大积累词汇量，模仿、输入、内化语言的过程；而讨论或就文本相关问题进行论证写作，则是由内向外发表、输出语言的过程，因而作品阅读及讨论、写作形成的是"积蓄"与"倾吐"的关系，读与写形成的是不可分割的整体言语现象，对同步提升学生读、写、说等语言技能有着不可估量的熏陶和样本作用。二是大学四年的核心意义，并非学会某项技能并以此一劳永逸地谋生。大学的核心意义是一次精神经历，是学生发现自我、认识世界、反思人类最基本价值、经历从象牙塔步入社会前的一次精神重构。而文学文本所提供的社会、文化、人生范本的多样性，为其修养精神气质、进行这样的精神重构提供了不竭的模拟情境加以认识、理解、反思。阅读或讨论这些情境的过程涉及学生对文本（社会）复杂的解读能力，包括理解各种人不同的视角，伴随这些视角而生的偏见以及各种复杂的人物和社会关系。这样的过程是培养学生社会和文化敏锐性以及思辨能力，增强其文化包容、理解力的过程，实质就是人文素养积淀的过程。三是国内外诸多学者均有论证，文学作品有道德教化的伦理力量，能使读者意识到人类可能对他人造成的残酷，产生移情共感的入世情怀。正如美国著名的文学学者哈罗德·布鲁姆在谈到文学作品的教化作用时所说："只有持续深入的阅读才能建立并巩固一个自律的自我。"他建议，年轻人的精神教育最好由虚构文学的潜移默化熏陶来完成，而不是由宗教传统或道德哲学来完成。后现代思想家理查德·罗蒂对此大为激赏，他说："小说给予我们的就是让我们知道和我们全然不一样的人是如何看待自己的，他们如何做出一些让我们惊骇的行为，他们如何给他们的生活赋予意义（可能我们一眼看上去，觉得他们的生活是悲惨、无意义的）。我们如何生活的问题于是就变成如何平衡我们和他们的需求，平衡他们的自我描述与我们的自我描述的问题。""道德的完善是获得这种平衡的能力。"足见文学对学生的人格塑造及道德教化的潜在作用。尤其是当前信息时代背景下的我国新生代大学生，对文学经典作品的阅读会使他们提升对他人痛苦的敏感度，变得更宽容、更具多元文化价值的包容力。文学作品阅读与赏析对于构建大学生的人文情怀具有极高的独特价值。

四、文学课程中"读写一体化"教学模式的构建策略

"读写一体化"的理念从20世纪80年代初，随着语篇语言学的深入研究和发展，逐渐成熟起来。阅读和写作两个领域的理论家达成的共识是，阅读和写作有着共同的认知机制，在处理语篇时，二者都运用相似的心理过程，从共同的"认知基础"库里提取资料。而写作实际上是模拟阅读的过程，写作过程也就是模拟读者阅读的过程；而阅读也是模拟写作的行为，因为读者在阅读的过程中，必须揣摩写作者的意图，扮演写作者的角色，理解写作者的意图。"读写一体化"教学模式的实践研究也已经有数据证明，读写结合对学生写作能力的提高、写作抽象思维的发展有显著的促进作用，读写结合还能够提高学生写作学习的动机水平。"读写一体化"的教学模式是对英语专业人才培养有积极意义的教学实践。

延续多年的以技能为依托的人才培养体系中读与写的交互关系没有得到融合，而是在大学低年级阶段分别隶属不同语言技能科目各自为政，呈割裂状态。而到大学高年级才开设的文学专业课程，由于课时量少、学生素养积淀不够等因素，同样存在作品阅读量不尽如人意的状况。新国标指导下的新版人才培养方案对人才培养理念的改革，使文学课程回归其人文学科的核心地位，在英语专业的大学低年级时段，就以专业内容课程的形式进入核心课程群，这为在文学课程中构建"读写一体化"教学模式提供可行性条件，同时"读写一体化"教学模式的构建也

能够促进文学专业知识内容的掌握,进而经由专业知识内容提升语言技能。

在新版人才培养方案的课程体系中,文学类课程贯穿大学四年,课型多样化,包括文学导论、短篇小说、诗歌、英美戏剧、杂文、英美文学史、英美文学选读、英美经典小说等。在以内容为依托的人才培养理念下,对这些文学课程的改革需要各门课程之间的通气、协作。在专业知识内容的比例上,做好低年级与高年级的分割,避免授课过程中基础知识内容在各门课程中重复。比如,小说的角色及角色类型、小说的叙事视角及视角类型、小说的情节结构等最基本的文学要素和概念术语如果放入低年级的英美作品课程中学习,则高年级各门文学课程,尤其是文学导论课程便可以省略这部分的讲授,直接切入应用这些概念术语赏析作品的教学环节。在各门课程统筹安排授课内容的前提下,可以利用下列步骤构建文学课程中的"读写一体化"教学模式。

通过各种手段强化文学课程中学生的读写一体化意识,这种意识要从学生一入学就开始培养。即以每一篇作品文本为范例,使每个学生明确地意识到要以读带写,以写促读;读中学写,写中复读;亦读亦写,悟写连读。树立读写一体化的教学观和学习观,在学生不断的反复读写实践中逐步固化读写一体化的学习模式。

文学课程中读写一体化的基础是"深读""读懂",对作品进行 WHAT、HOW、WHY、HOW WELL 的四步全方位解读,即 WHAT:作品都写了什么,什么样的主题,人物有哪些,什么样的情感基调,等等;HOW:作者如何谋篇布局,通过什么手法,如何做视角转换,如何做情节安排;WHY:作品创作的背景是什么,创作意图是什么;HOW WELL:评价、赏析。带着这些为下一步写作做铺垫的问题深读文本,学生可以更加深入体会作品行文构思、语言风格的特点,然后根据文本相关内容和章法特点开始相应的写作任务。在写的过程中,学生需不断回读文本,明确目的性能够加速学生阅读及"玩味"文本的真正内涵,并以最快的速度领悟作品的内容或艺术特色，从而对作品的写作技巧、规律把握得更加到位，进而引发探究热情。

大学低年级段文学课程的读写一体化教学活动以写作品概要、仿写或改写为主。重在培养、固化读写一体化习惯和意识。概要的写作篇幅以短小为宜，可以给定写作概要的目的，比如从某广告公司文案的角度，为作品制作宣传短片；为尚未读过作品的幼儿园小朋友进行复述，或为尚未读过作品的成年人复述，并注意因复述对象变化措辞及语气的变化，等等，旨在培养学生在诸多细节中高度提炼纲要性架构的能力。仿写精彩语句或语段，既可以是学生在文本中自选，也可以由教师给定，重在领会语句或语段的语言环境，根据语言表达的需要，参照原句或原段的风格再创造一个或多个相同的语句或语段。改写则是大学低年级段读写一体化训练的高级形式，要求学生转换叙事视角，从作品的另一个人物角度或另一层时空断面对原故事进行重新描述。这一写作任务会训练学生更精确地把握、认知语篇，领会作品的语言风格，并对作品中人物关系、性格特征、角色的文化内涵加深理解。最终学生在不知不觉中学会文学概念要素、术语的理解与应用。

在大学低年级概要、仿写、改写的读写一体化训练基础上，高年级的读写训练带有文学批评即学术写作的性质。学生就作品解读从特定角度提出某一观点，然后不断援引原著细节支撑、佐证自己的论述。同时利用媒体资源查找相关研究资料，经历收集、过滤、分析、综合、使用信息的过程。这个阶段的写作作业不在量，而在做什么，找到答案的根本意义是为了提出更多的问题，引发更多的思考，激起更强的探究欲望。这个过程是一个以写促读，阅读、阐释、复读、扩展阅读、再阐释的正态循环，同任何人文学科在培养人才中的作用一样，教育学生如何思考、如何分析、如何阅读、如何进行有说服力的论述。而这些技巧，在社会生活中各类职业活动里每天都要用到，这种培养方法教会学生的是普适于任何职业的一种思维方式，是一种无论从事哪一行业都能够综合思考不同的问题，并提出具体的解决方案的能力。毕竟,在新兴职业不断地被创造出来,而且新旧更迭的频率呈加速度状态的时代,我们更应关注的是学生毕业后的可持续发展力,而不是现在某一科目的成绩。教育的精髓应该是忘记课堂上教的所有具体内容之后沉淀下来的东西。

大学高年级段的读写结合训练的最佳境界是学生的创意性写作,学生因作品启迪而产生读者反应,从而创造自己的作品,如诗歌、杂文或短剧等。达到创意性写作这一层次时,学生的语言能力毋庸置疑,更可贵的是在阅读中突破,激发自我创造的力量。

学习小组的组建,多媒体资源的利用,学生互评、自评与教师点评的辅助评价手段等的使用,也是读写一体化在文学课程构建中的有益策略。出于课时量的考虑,文学课程的大量阅读及写作工作都安排在课下由学生自主完成。课上就是展示、汇报、评价的过程。一旦考核的导向机制开始运作,学生的自主性和积极性便被调动起来,而且年轻人运用多媒体资源的能力远远超出想象,他们经常在课堂上拿出多模态的精彩文学评论作品。此时同学互评、自评及教师点评适时跟进,及时发现学生学习方法的优缺点,时效性强,事半功倍。除了给出分数的评定,同学互评、自评必须有实事求是,符合被评者学习状态,恰当、公正的评语。学生互评、自评的分数最后计入总分,教师要针对学生对他人学习做出的评价水平再给出评价能力得分,与学生打分合并计入总成绩。学生互评本身是一个借鉴、监督的过程,自评则是一个反思、总结的过程,教师对学生评价的研判,则是一个诊断回流的过程,是对整个教学的分析、反思。学生互评、自评与教师评价的结合最终引领学生学会科学地利用评价,为自主学习和终身学习的质量获取评判工具。

在所有"读写一体化"教学模式构建策略中,作用最直接有效的是考核方式的改革。测试方式改革在构建过程中最具导向作用,而在所有测试手段中,过程性评价与终结性评价相结合效用最佳。

过程性评价是一种在课程实施的过程中对学生的学习进行评价的方式。过程性评价采取目标与过程并重的价值取向，对学习的效果、过程以及与学习密切相关的非智力因素进行全面的评价，而且是对课程实施意义上的学习动机、过程和效果的三位一体的评价。

学习动机的考核主要是通过课堂观点陈述，作品展示，学习小组成员互评、自评和教师点评等维度实现。此层次的考核旨在激发学生的学习热情，唤起学生研读作品、查找相关资料、在讨论中贡献大、陈述展示漂亮的欲望，终极目标是把学生的内心驱动力真正引导出来，帮助学生爱上阅读、爱上思考、爱上写作、爱上成长的自己。

学习过程的考核贯穿整个学期，主要是通过出勤、作业、展示、讨论、课程内容等层面实现，一种方式是在某一单元或章节结束时段进行阶段性考核，另一种方式是通过嵌入课程进行之中的即时、随机点评，旨在对学生学习质量水平做出有时效性的判断，肯定成绩，找出问题；促进学生对学习过程进行积极反思，从而更好地把握学习方式方法，其终极目标是帮助学生掌握普适有效的学习方法，为终身学习打下坚实基础。

学习效果的考核关注学生学习质量，对作业、课堂陈述、作品展示、小组讨论表现、论文等项目自身的质量做出评价，评价注重结合学习动机态度，在阅读深度、知识运用、思辨意识方面增加权重，重在导向学生不拘于记忆性的知识积累，更注重知识内容的灵活应用，注重信息的收集、过滤、分析、综合，注重利用多媒体工具提升读写质量，注重利用文本细节有说服力地论证观点等能力的培养。

过程性评价与终结性评价相结合意味着打破传统的期末一次考试的安排，学生的整个学习过程和情态都在监控记录范围之内，最终成绩是从课程伊始便开始的步步积累。如果是按照文学类别的文学导论、按历史时段的英美文学史、按照章节讲授的英美经典小说、戏剧等课程，可以把传统的期末最终一次的终结性考试分时段切成几次小型的终结评价考核方式，并在命题方式上，避免采用以死记硬背知识点为特色的概念题、事实选择题或判断正误之类的客观题，而是与平时读写作业命题一样，将传统的期末大论文分成几次小习作，突出概念、知识的应用能力及利用理论进行文学文本分析的能力。所以命题全部采用开放式主观题，不设定绝对的标准答案，考查学生的动手能力，评定学生是否能通过作品中的细节或其他理论来佐证自己的观点并自圆其说，进行有说服力的论证。学生不细读文本，就很难得到高分。出于课时的考虑，多次分段考核的写作任务可在课下完成，只有一次占用课上时间并采用笔试开卷的方式进行，命题时突出能力运用，使学生没有充分阅读原著的保障，便无法在指定时间答完考题。此外，小组讨论、课堂陈述等也计入总成绩。如果不提前熟读原著，讨论时便无法参与，陈述时亦缺乏论据，学生当然就得不到理想的分数。

在成绩构成上，根据不同课程的需求设置不同的比例。比如，文学导论的课程目标是学生对文学基本知识的掌握与应用，在考核评价中写的比重就大于讨论及课堂陈述展示的分值比重。而英美经典小说重在深度赏析，读深、读懂、读出阅读文本的研究资料更重要。实践证明，这样的课程中更多有效的学习来自和同组伙伴交流讨论、课上展示后点评、提问的过程，而不是来自教师的备课笔记、PPT。

在实际操作过程中，按照课程目标不同，"读写一体化"教学模式在文学课程中的构建导向也不尽相同。大学低年级的文学课程向提升语言技能倾斜，以读带写；高年级则以写促读，以提升文学兴趣和素养为导向。从回收的大学高年级文学课程参与者的问卷及数据统计看，开放式问题激发了学生的表达欲望和自信，学生的阅读、讨论、提问参与度提高。而测试的多点与多维导向，以及命题的灵活不仅规避了抄袭、剽窃，使在传统教师一言堂教学模式下混学分的学生知难而退，还减轻了学生一次期末考试定成败的压力，学生在整个学期均衡发力，即便某一时段不理想，还有后续跟进提升的机会和空间。考核的过程化不仅能有效督促学生的作品阅读，确保阅读量的同时强化解读的准确性，还能在理论应用及方法分析上及时发现学生存在的问题，及时指导、调整。学生自主阅读原著的积极性被激发，而一旦真的读进去，并在课堂讨论以及第一阶段的考核中尝到甜头，学习的积极性便得到调动与激励，很多学生在问卷中反馈因此爱上文学学习。可以说，过程导向的努力比结果导向的努力给学生带来更多意想不到的收获，这种由兴趣引发的学习动力必然比功利的目标引发的动力更持久有力，更有利于人才的终身发展。

第三章 大学英语教学的基本理论

第一节 大学英语教学的特点及策略

大学英语教学的有效性需要任课教师根据教学的特点和目的，采取让学生尝试讲课、组织演讲辩论、背诵单词、组织游戏、穿插文化背景知识等方式，着力打造轻松高效的大学英语教学课堂。

大学教师这一职业一向受到社会高度尊敬，殊不知光鲜的背后却有着不为人知的辛苦。越来越多的教师不是患上咽炎就是一下完课便疲惫不堪，还得脸色苍白地急忙奔去下一个课堂，以至于除了教学之外对科研、学术会议等其他方面力不从心。对于这一现象，笔者深有体会，感同身受。针对大学英语课堂，是否有方法改善这一局面呢？答案是肯定的。本节将提出一种全新的教学模式，既提升教学效果，使课堂轻松活泼，又提高教学效率，使老师们游刃有余，教学科研两不误。

其实，导致部分大学英语教师上完课后疲惫不堪的直接原因就是教学过程中教师占主导地位，他们在马不停蹄地讲解。上课时间一百分钟，仅仅站着就会令人叫苦不迭，更何况还要同时提高嗓门授课呢？对教师的疲倦表示同情，但这同时表明这样的教学方法必须改进。课堂上由教师从头讲到尾，其实这完全还停留在中学的教学模式中。尽管每所大学学生的英语基础参差不齐，甚至部分大学生的英语水平还不及中学生，但是这并不能成为以中学英语课堂的教学方法教大学生的理由。实际上，中学英语教学与大学英语教学有着本质上的区别。

一、大学英语教学的特点

（一）教学目的的全面综合性

中学英语教学是打基础的阶段。由于面临中考和高考，这一阶段主要强调的是"双基培养"，即使学生学会基本的语音、语法和词汇以及培养学生基本的听、说、读、写技能。而大学英语则是在此基础上全方位地提高，重点培养英语的语言交际功能，即学生的听说能力。除此之外，大学英语教学还增强了学生的自主学习能力，要求学生综合运用英语这门语言，运用英语提高自身的综合素质，使用这门工具与他人进行思想沟通，信息交流，实现英语学习的终极目标。

（二）教学方法的多样性

教学目的的不同必然导致教学方法千差万别。在中考和高考两座大山的压迫下，中学英语教学均以应试为最终目的。而且，衡量课堂的唯一标准似乎就是升学率。教师就是课堂的中心，课堂上给学生灌入大量的语法以及词汇知识，在标准的填鸭式教学下，学生只能被动地接受。大学英语教学截然不同，强调学生运用语言的能力，在提高听说能力的前提下，读、写、译也一样都不落下。教师与学生的角色互换，教师不再是课堂的中心，学生才是。除了向学生传授语言知识和技巧外，教师更重要的作用是引导，培养学生利用语言作为交际工具的能力。

（三）教学过程的互动性

中学教学过程以教师讲解、辅导为主，学生听课，很少自学；大学英语教学中教师主要起到引路人的作用，激发学生的学习兴趣，调动学生在课堂上的参与，以多种多样的课堂活动促进学生多自学，并提高其自学能力。中学课堂以语法讲解、词汇扩充为主，以达到应试的目的。大学课堂中语法、词汇早已不是重点，强调的是语篇教学，即在文章的内容中分析词句、分析人物性格、事件的来龙去脉、总结文章主题思想。语篇教学旨在提高学生运用语言作为交际工具的能力,注重听说训练,常采用情景、功能、交际、翻译等教学方法。

二、大学英语行之有效的教学方法

兴趣是最好的老师。大学英语教师的首要职责是激发学生学习英语的兴趣,让其自主自愿地学习。因此,形式枯燥的"满堂灌"教学方法必须彻底改革。近年来,老师们都在不断更新并改革自己的教学方法,可是究竟什么方法才是行之有效的?老师结合自身情况和学生水平都有着自己独特的见解。在本节中笔者将结合自身一线教学的经历,谈一谈大学英语课程如何设计才能够使老师轻松,令学生满意,同时保证有较好的教学效果和学习效率。

(一)以让学生讲课的形式,使学生充分融入课堂

以往都是老师在讲台上苦口婆心地讲解,怎么不让学生们尝试一下自己教课呢?这一方法完全改变了以教师为中心的"中学式"教法,凸显了学生在课堂中的主导地位。在每个学期刚开始时,教师可让学生自由组合形成人数差不多的几个组(数量可根据具体教材的长短而定)。以上海外语教育出版社的《新目标综合教程》为例,本书共有八个单元,每个单元挑选 TEXT A 进行讲解,那么就将学生分为八个组,每个组负责讲一个单元。在需要开始讲之前几天老师应提醒学生准备,以免忘记。到开始讲某一单元时,该组的代表先上讲台来把他们组备课所准备的内容呈现给所有同学。待学生讲课完毕后,老师再上讲台或是点评或是选择性地讲解。这种让学生来讲课的方法大大提高了学生对于课堂的参与度,让其充分融合到课堂中,活跃了原本只有老师讲课的沉闷课堂气氛,同时学生在准备及授课的过程中,自身也得到了全方位综合锻炼。学生自行授课将知识与能力、素质与策略、专业与广博的培养结合起来,建立老师引导、学生践行的教学观念,

加强师生互动、学生互动的教学模式。实践证明，这是一种有效的方法。

（二）组织演讲或辩论

不定期地在课堂上以组为单位举行主题英语演讲或辩论，这也是提高学生参与度的好办法。学生可围绕一个主题，在网上查资料，在上课时演讲或者辩论。与以往等待老师灌输知识不同，学生以这种方式提升了自学能力，加强了学习的主动性。另外，学生有满足自己与人交流与协作甚至影响他人等需要，集体合作是满足学生基本需求的必要途径。演讲或辩论主题应在上课前一星期给出，以便一个组的同学能够有充分的时间准备。不建议在课上临时布置题目，基于两个原因：一是大部分同学英语基础薄弱，在短短的课堂时间中无法准备出高质量的演讲；二是大学英语课程课时十分有限，课堂时间宝贵。如果是演讲，那么就由一个组的同学共同找资料写文章，最后选出代表在上课时演讲。教师根据每个组的表现打分，并计入平时成绩。如果是辩论，同样在组内自行决定立场，然后在课堂上进行组与组之间的比赛。辩论结束后由其他组的成员投票决定谁胜谁负。教师应对胜方给予表扬，败方给予鼓励，并强调重在参与，胜败乃兵家常事的道理。集体合作学习尊重学生个人，培养学生交往能力、协作能力和解决问题能力的同时，还激发了其内在学习动机。这一方法奠定了学生在教学过程中的主体地位，有助于新世界、新背景创新型人才的培养。

（三）背单词游戏

不仅是英语老师，只要学过英语的人都清楚，扩大单词量对于提升语言水平的重要性。英语学习像盖房子，语法知识是大梁，英语单词则是一砖一瓦。想要盖牢固的房子，两者缺一不可。学生偏爱通过活动的方式进行学习，但现实教学中的活动太少，授课方式单一，并不能较好地调动学生的英语学习积极性。为了提高学生对单词的熟练性，也为了督促其花工夫背单词，可以在课堂上进行背单词游戏。通常在这个环节以组为单位进行，教师说中文意思，学生们站起来说它的英文释义。最快站起来说出意思并答对的就给他所在的组加一分。一轮结束后，可视情况安排是否还需继续。游戏结束后，视每组最后的分数决定谁赢谁输。这个游戏在整堂课上起到关键作用，既调节了课堂气氛，又激发了学生的学习兴趣。教师还无须枯燥无味地照本宣科，苦口婆心地讲解。作为游戏的组织者，教师增强了自身的组织能力，在轻松愉快的氛围下完成了教学任务。何乐而不为？

（四）穿插文化背景知识

有趣的活动是学习动力的基本来源。教师在选择活动时，要尽量以新颖为主，并频繁变换活动方式，以保证学生长久的兴趣。然而，在选择教学活动时，必须考量活动内容是否能承载教学内容，能否为教学目标服务，绝非"因活动而活动"。

在文章中出现代表西方传统习俗的词汇时，教师可适当展开讲解，介绍该习俗的起源，分享相关的故事。这样一来，生动的故事吸引了学生的注意力，同时还扩展了其知识面，的确是一种值得借鉴的办法。作为英语这门语言的学习者，了解其国家的文化背景十分重要。类似故事的讲述既吸引了学生的注意力，又为其将来的跨文化交际打下基础，不失为一种有效的教学方式。

大学英语课堂应是轻松、活泼，能够充分调动学生积极性的课堂，教师也应在健康、乐观、有活力的状态下完成教学任务。通过中学与大学英语教学的对比，大学教师将更清楚自身教学任务的侧重点，更好地向大学英语教学目的努力。学生讲课、演讲辩论、背单词游戏、穿插文化背景知识等仅仅是众多教学方法中的冰山一角，提高课堂质量，激发学生兴趣，要达到这一教学效果还有很多方法值得探索，真正打造轻松高效的大学英语课堂，革命道路还很长，同志们仍需努力。

第二节 大学英语教学的现状与反思

当前英语作为各高校的必修课程，在具体英语教学中，充分地利用现代信息技术，将英语教学与计算机技术实现有效结合，有效地改变了传统的单一式教学，运用信息技术实现了英语教与学的分离，而且在教与学过程中打破了时间和地点的限制，推动了大学英语教学向个性化和自主学习方向的发展。在这种新的大学英语教学模式下，需要更突出地体现学生在课堂教学中的主体地位，充分地发挥教师在教学中的主导作用，通过调动学生学习的积极性和教师教学的积极性，将英语教学的实用性、知识性和趣味性更好地展现出来。并依托现代信息技术，充分吸收和借鉴传统教学中的精华，全面提升大学英语教学的质量。

一、大学英语教学的现状

（一）应试教育根深蒂固

大学英语教学主要是为了培养学生具有较强的阅读能力、听说译方面的能力，能够利用英语进行信息交流。但一直以来大学英语教学中受应试教育思想影响较大，在当前大学英语教学中，教师对学生阅读能力的培养较为重视，忽视学生听、说、写和译能力的提升，这对英语教学质量的提升起到了一定的制约作用。另外，在大学英语实际教学中，教师更是将更多的精力用于课文内容的讲解上，不重视学生应用能力的培养，往往是按照课本来进行单词和语法的讲解，导致课堂气氛较为沉闷，学生学习英语的积极性不高。

（二）教学方法单一、手段落后

当前大学英语教学还是以课堂教学为主要形式，在课堂教学中，多以教师主导的语法翻译为主,以学生为主的交际应用却很少采用,这就不利于培养学生的英语能力,而且制约了学生思维和潜能的发挥。在传统课堂教学中,老师居于课堂主导地位,学生处于被动和服务的地位,这种情况下,学生只能被动地接受教师传授的知识。教学方法的单一和手段的落后对大学英语教学质量的提升造成了较大的制约。

(三)师资力量薄弱

当前高校英语教学师资力量薄弱,大部分大学英语教师专业水平不高,这就导致大学英语教学质量很难有明显的提升。特别是当前公共英语教师多数都面临着繁重的教学任务,承担着较重的工作量。而且在实际工作中英语教学进修和培训的机会都较少,这就很难在工作中提高自己的专业水平和技能,导致大学英语教学中整体师资力量薄弱。

(四)学生水平参差不齐

高校英语专业学生来自全国各地,英语水平参差不齐,特别是一些来自农村及偏远山村的学生,英语基础十分薄弱,而来自城市的学生很小就接触到英语,英语成绩普遍较好,这就给大学英语教学带来了较大的难度。

如今,很多英语教师反映在大学英语教学中遇到的问题日趋增多,无论是充满活力的青年教师,还是教学经验丰富的老教师,致使大学英语教学工作趋于被动化。这无疑给英语教师带来一个新的问题,即怎么才能使英语教学工作走出被动化区域。作为一线英语教师,我们必须对教学工作进行反思,找到其背后的原因,采取相应的形式和对策,及时解决,使课堂教学达到学生满意的程度,同时,也促进自我提高和自我发展。

二、大学英语教学反思的理论基础

古今中外,教育界专家学者早已就此问题进行了深入且细致的研究,现就此问题的部分国内外研究成果对比如下。

（一）国外反思性教学研究

美国教育家杜威是教学反思问题研究的创始人，他指出"反思"是实践者对其实践过程进行积极主动的、持之以恒的慎微考量；马克思·范梅南作为"现象学教育学"的开创者之一，指出教师发展水平的三个阶段，即技术理性反思、教学实践反思和批判反思；美国当代教育家唐纳德·舍恩于1987年给出了反思性实践的定义，主张以"活动中的反思"为原理的"反思性实践"代替以"技术理性"为原理的"技术性实践"；J.C.Richards和C.Lockhart认为教学反思是教师发展的技巧之一；D.Nunan和C.Lamb从课堂教学角度研究了反思性外语教学中教师自我发展的主题；J.C.Richards和T.S.C.Farrell系统地探讨了实施反思性外语教学的途径。

（二）国内性教学研究教学

北京师范大学教授申继亮和辛涛从心理学角度对"反思"进行过研究；熊川武教授在其《反思性教学》一书中指出，反思性教学是指教学主体借助行动研究，不断研究与解决自身和教学目的，把"学会教学"和"学会学习"有机结合起来；刘加霞教授从内容角度将教学反思分为三个阶段；王蔷教授在其论文《反思性教学——促进外语教师自身发展的有效途径》中谈到反思性教学的四个阶段：主动性、反馈性、调节性和有效性。

三、大学英语教学反思的方面

新形势下，教育对象不断变化，每年的生源情况不同，培养目标甚至也会根据社会需求发生变化，作为一线教师对教学要进行综合反思，才能促进教学，促进自我发展。

（一）宏观方面

1. 从应用型角度进行反思

作为应用型本科院校的一名英语教师，应该意识到学生学习英语是为其专业服务的，怎样才能让其英语的学习为其专业服务？通过学习，学生的职业道德意识和职业素质得到培养。具体到英语学习方面，教师可以根据教授的不同专业，组织英语比赛、职场情景对话、采访活动、实地考察活动等来锻炼学生的英语表达，学以致用，让学生意识到在应用型院校学习英语是有用武之地的。另外，通过不同形式的英语输出形式，还可以增加其学习英语的兴趣，提高其交际能力，锻炼其心理素质，培养其合作意识，为今后的社会交往打下坚实基础。

2. 从"互联网+教育"背景角度进行反思

在"互联网+教育"大背景下，每位教师都应该进行反思，网络发展之快，过去的教学模式已经不适合现代背景下的课堂教学，教学方法需要不断更新，知识面需要不断拓展，学生不再仅仅依赖于课本，而是对网络投入大量时间和极大兴趣，迫使教师进行反思：怎样才能把教材内容和网络融合起来变为学生探索的主题，从而使学生畅游网络时，获取知识和能力。

（二）微观方面

1. 对课堂教学三部曲进行反思

课堂教学三部曲，即课前、课中、课后。

课前反思：了解班级学生情况，需要根据班级学生英语基础设定教学目标，以怎样的教学活动和方式，学生才能更快、更容易地掌握知识，从而达到预期设定的教学目标。在设计教学环节及每个环节执行情况等方面也需要进行反思。例如，笔者任教学前教育专业的学生时，他们的英语基础整体较好，课堂环节设计多以启发式、小组探讨为主；任教艺术专业的学生时，他们的英语基础相对薄弱，课堂环节多以讲解式、学生阅读识记为主。另外，不同班级，教学目标也可以有所不同，而不是"一刀切"，如针对英语基础好的班级，教学目标可以加入一些文化因素，例如，可以根据单元教学内容主题，布置开放性的作业，3～5名学生一组，通过讨论、查阅资料，形成文字，在规定的时间内上交，课堂上留出时间进行小组分享并互评。这样，可以培养学生的积极参与性和文化意识。

课中反思：课前课堂环节设计得再合理，课堂上有突发情况也在所难免，这是课前反思做不到的。需要教师养成课中反思的习惯，课中遇到偶然状况及时反思并妥善解决，从而使教学环节得以顺利进行。例如，有次笔者给动漫专业班上课时有几个学生不断看手机，提醒多次无效。于是，笔者走到讲台，当着全班同学微笑着说："手机是我们生活，甚至是学习必不可少的一部分，这也是课前不收手机的原因，但个别同学想借助手机辅助学习贯穿到整个课堂中，目前这一点还不能满足大家，不过稍后会有机会，所有同学必须玩转手机，不玩都不行。"学生听后顿时笑了，笔者特意关注了不断看手机的同学，他们也笑了，但同时也意识到了错误，直接把手机放到桌洞里开始认真听课。例如，带护理专业班时，从上第一节课，由于学生英语基础较薄弱，单词、课文不会读，上课要么手机不离手，要么面无表情地坐着，以此表示"抗议"。为了让学生回答问题，曾经连续叫五六个学生，也不说"会"，也不说"不会"，往那一站，等问时才极不情愿地说："不会！"当时，笔者想学生不会读，但可以写，于是笔者及时改变让学生回答问题的方法，让其把答案写在黑板上，答案完全正确，笔者给了他一个大大的赞，他得到老师的肯定很开心。接下来，主动到黑板上去写的学生越来越多，甚至还有的学生自发组成小组互相鼓励、帮助，最后整个课堂学习气氛很浓厚。由此可知，学生不是不想参与课堂，只是有种种顾虑而已，需要我们老师了解每一位学生，为其排忧解难，打消其顾虑。在课堂环节实施过程中，课堂解决问题的方法很多，需要根据当时情况及时反思，找到解决此问题的灵活办法并调整时间，使教学环节得以顺利进行。

课后反思：一堂课结束后，设计的目标实现得如何？若没有达到预期目标，原因出在哪儿？教学环节实施得怎样？针对不同专业，在课堂设计和授课方面还需要再做哪些改进？为什么有时辛辛苦苦精心设计的一堂课却引不起学生的兴趣？该怎样整合教材内容才能更加符合不同专业学生的学习心理？这些疑问需要我们教师每次上完课认真反思，并根据不同问题调整教学内容、教学方法，拓展教学内容。

2. 根据学生反映情况进行反思

一堂课下来，认真反思学生的反映情况极其重要，因为一切以学生为中心，学生的反映情况决定了一堂课从备课到上课的成败。课堂设计得再好，如果不符合学生心理，学生没有收获，那么这堂课就是失败的。

四、反思的具体形式

（一）撰写教学反思随笔

每次上课后，结合自己的教学设计、上课情况、学生反映情况、课堂上出现的突发状况的处理等，把成功方面和不足之处都记录下来，反思在接下来的备课方面需要怎样改进才能更加适合该班学情，平行班级的课堂内容方面如何调整，课堂语言该怎样组织才能更加吸引学生。每堂课后撰写教学反思，学期末整理反思内容，到头来收获很大，会在教学方法技巧方面有很大的提高。

（二）做问卷调查

学生的发展是教师专业发展的出发点和落脚点，学生对教师的教学有直接感受和判断，一堂课只有学生认可才是真正的成功。有时候，教师备课是站在自己的角度考虑的，认为课堂设计没有问题，知识量适中，学生应该能够接受并掌握，但有时有些因素我们可能考虑不到，致使授课没有达到预期效果，可以授课2～3周以后定期对学生做问卷调查，针对不同的班级可以设置不同的问题，这样，对学生反馈回来的问题进行整理和分类，之后加以分析和对比，听取他们的建议，来审视自己的教学态度、观点和实践，进行批判性反思，针对不同的问题，采取不同的解决办法，如调整不恰当的教学内容、教学方法、教学行为等。

（三）与学生交流

虽然与学生交流这个话题是老生常谈，但是我们还需要进行，因为每学年的学生不同，对英语的需求也不同。与英语基础层次不同的学生交流，与不同专业的学生交流，了解他们对英语的需求和对英语课的认识，整理并反思谈话内容，找出和教学相关的方面，进行认真反思：哪些教材内容根据学生的需求可以删除，哪些内容需要补充进来从而满足不同专业、不同层次的学生的学习要求。以机电类学生为例，通过交流了解到他们毕业后和机器打交道多些，有时需要看懂进口机器的使用说明书，涉及专业英语，在教学内容设计方面，需要适当补充一些简单的机电类专业英语，也可以给学生布置1～2次和专业相关的开放型的作业，布置小组作业，一个班每组可以布置不同的作业，有的小组准备一台机器的英文使用说明书，有的小组准备此机器的零部件英文单词，有的小组准备工作原理的英文介绍。作业两周完成，上课时，准备一张挂图，让不同小组分享准备情况。教学内容只有和学生息息相关，对他们有帮助，他们才会感兴趣，才会学习。

（四）公开课讲评

每次公开课后，要及时反思，是否达到预期教学目标和教学效果，学生的配合情况如何，设计思路方面是否欠缺，设计此次公开课在哪方面有所突破等。根据其他教师的评价进行反思，结合同事们的评价，也许可以在设计方面得到新的视角，为今后课堂教学设计注入新思路和新方法。

五、有效教学反思的对策

如何才能进行有效的教学反思，需要教师和校方的共同努力。

（一）加强自我教学反思意识

作为一名教师，一定要明确自我发展的出发点和落脚点——以学生为中心，只有这样，教师才能不断学习、不断提升自我、不断学习教育教学理论和专业知识。只有具有了自我发展意识，才能在业余时间积极主动地进行教学反思，不断探索适合学生的教学方法和适合自身专业发展的反思模式。

（二）选择适合自己的教学反思方法

教学反思的主要类型有纵向反思、横向反思、个体反思和集体反思等，教学反思的方法主要有行动研究法、比较法、总结法、对话法等。教师在实际的教学过程中，不能局限于典型案例和每学期一次的教学工作总结。笔者认为学年教学工作总结只是整体的总结，没有涉及具体的成功的闪光点。如果有时间，最好每次上完课后都进行反思并记录下来，一学期结束回头整理时，会收获颇大，为今后的教学注入经验。另外，还应借助网络，认真学习教学反思理论，深入了解教学反思类型和方法，在教学实践中选择符合所教学生发展需求的反思方式。

（三）团队合作

教学反思也可以是团队共同完成的，具有共同爱好、理想和追求的教师形成教学反思团队，定期就各自在教学过程中存在的问题共同讨论，反思寻求解决方法。有时挺棘手的问题，几位教师一讨论便迎刃而解，彼此的成功方法还可以互相借鉴学习。

（四）校方教学管理部门给予理解和支持

每学期，教师的课程负担过重，例如，课时量太大，必须完成8次/学期的作业布置和批改，各种备查材料的准备，应付各种形式的检查，完成16学时/每学期的培训任务。这样，教师可能会产生职业倦怠，妨碍其学习和进行教学反思的积极性。基于此，校方应给予理解和支持：第一，校方应减少走形式的检查，给教师教学反思的空间，增强其专业发展的使命感，让其在自我发展中寻找快乐；

第二，应给教师提供积极参与有效培训学习的机会，而不是全校培训一刀切，致使教师为了完成培训任务而被动参与；第三，学期末教学评估中可以适当体现，为教师发展树立明确的目标；第四，建立教师工作室，提供适当的工作量鼓励教师积极参与其中，不定期碰面，共同探讨教学中存在的问题。

总之，教学反思永不过时，教师要立足于教学实践，对教学不断反思，可以灵活解决教学中存在的实际问题，可以从多年重复的教学思维中走出来，可以从职业倦怠中走出来，成为一名勤反思爱反思的教师。正如法国哲学家笛卡儿所说"我思故我在"，只有我思故我新，教师才能在探索中不断改进教学，才能促使自己不断学习，才能促进自我专业发展。

第三节 大学英语教学科学化改革的思路

随着全球化的发展，我国越来越多地参与到国际事务中去，国际贸易、文化、政治交流日益密切，因此，我国对英语专业人才的需求量是巨大的。但是，我国大学英语在人才培养方面，高端专业人才输送较少。这主要是传统教学模式中存在的许多问题造成的。因此，需要对大学英语教学进行科学化的改革，以此来适应时代的发展，适应人才培养的需要。

一、大学英语教学科学化改革的必要性

虽然各大高校为了提升英语教学水平，都纷纷对教学方式进行创新，但大多是"换汤不换药"，取得成绩的手段依然靠"逼"，靠压榨学生的休息时间，靠严格的考勤安排，这些方式虽然能够让学生的英语水平得到显著提高，但学生在这种高压状态下，很容易对英语产生厌烦情绪，甚至演变成憎恶心理。这种现状表明，

大学英语的教学改革必须遵循一定的客观规律，要在准确掌握这一阶段学生心理特征的前提下进行合理的教学调整，不可照搬照抄，亦不可操之过急。

二、大学英语教学科学化改革的思路

（一）提高师生互动，营造良好课堂氛围

高校的课堂组织形式依然是班级授课，有利于发挥教师和集体教育的优势，对于提高教学效率起到了一定的促进作用。但是班级授课方式有一个巨大的缺陷，那就是教学内容和教师精力的有限。许多教师为了完成一定的教学任务，必须充分地利用好一堂课上的 45 分钟时间，因而在师生互动方面可能存在一定的欠缺。除去时间因素外，教师的观念也存在一定问题。许多教师会认为学生的任务就是学好知识，那么只要认真听老师讲课就够了，对学生主观能动性的发挥普遍存在忽视情况。在互联网技术不断发展的当下，教师可以利用各式各样的多媒体设备来完成与学生的互动，这样不仅丰富了教学手段，也有利于吸引学生的注意力，激发其学习的兴趣与热情，营造良好的课堂氛围。此外，为了解决课堂时间与教师精力有限的问题，师生间的互动可以由课上延伸至课后，通过 QQ 群讨论、私信交流、互发邮件等方式，可以让教师在下课之后收集学生不理解的知识点，在日后的课堂上进行更加详细的讲解，对于个别学生提出的问题，教师也可以迅速地通过网络进行解答，从而全方位地提升教学成果。

（二）将文化因素融入英语教学

语言与文化是水乳交融、不可分割的，如果没有了文化的浸润，那么语言教学就会成为无源之水、无本之木，如果能在英语教学中融入一定的文化熏陶，那么就能取得更好的教学效果。现有的英语教学模式下，教师往往只注重对学生的词汇积累、语法知识、发音技巧等内容进行指导，而忽视了文化差异对英语教学产生的巨

大影响。在大学英语课堂中融入文化因素，可以采用直接讲解法和隐性输入法。课堂讲解是一种最直接了解英语文化的方法，也是最直观感受不同文化在语言表达上的差异的方法。在课堂讲授中，为了引起学生们的兴趣，教师可以在讲课前进行适当的准备工作，了解学生比较想了解、比较感兴趣的文化内容，从而对自己的教学计划进行调整。隐性输入法主要是通过情景模拟的方式来实现的，通过课堂模拟的方式，营造特定的文化场景，鼓励学生参与互动，在"真听真看真感受"的方式下潜移默化地接受英语文化，从而助力英语学习，达到教学改革的目的。

（三）借助新媒体技术实现自主学习

在大学英语教学中，我们都习惯了以面对面的方式来进行授课和听课，在教师的板书和多媒体的展示中获取知识。随着信息化时代的到来，高校大都普及了多媒体设备，因此，多媒体教学一度成为热门的教学方式。但时代是在不断发展变化的，在信息化的潮流中，我们又进入了全新的互联网时代，原有的教学方式已经不能满足学生日益增长的多元化学习需求，某些教师的知识水平也不足以解答学生的所有疑问。随着智能手机、平板电脑等现代化设备的普及，移动学习方式又成了新的热门学习方式，慕课、微课、微信公众号、英语教学APP等平台，为学生提供了更丰富的学习资源、更广阔的学习空间以及更机动灵活的学习方式，可以让学生随时随地进行学习，不受场地、时间的限制，是教学方式的跨越式创新，更是教育的一大进步。利用移动设备进行学习，可以让学生变被动为主动，从被迫学习转变为主动学习。由于移动学习方式的灵活性，学生可以根据自身的喜好来安排学习时间和学习内容。此外，比起线下教学内容的单调和枯燥，线上的教学内容更能吸引学生的注意力，激发他们的学习兴趣。

在我国国际化进程日益加快的今天，外语教学在推动国际交流方面起到了愈发重要的作用，外语专业人才在未来大有可为。但是，任何事物的发展都不会是一帆风顺的，总会面临许多波折。如果各大高校能够抓住时代浪潮赋予的这一机遇，充分利用各类新媒体技术的发展，更新教学方式，那么将会给高校的英语教学带来巨大的变化，推动高校的英语教学体系更好更快地发展。

第四节　大学英语教学中课程思政的体现

2019年3月，习近平总书记在主持召开学校思想政治理论课教师座谈会时指出，要坚持显性教育和隐性教育相统一，挖掘其他课程和教学方式中蕴含的思想政治教育资源，实现全员全程全方位育人。作为隐性德育教育重要手段的课程思政，就是把思想政治理论课内容融入各学科教学。本节以大学英语教学为研究对象，以课程思政和价值引领为切入点，从大学英语的德育功能、课程改革、学科特点、经验积累等方面着手分析把价值引领融入大学英语教学的重要意义与实施现状，探寻有效可行的实施路径，并提出包括强化高校英语教师进行价值引领的意识，确立在大学英语课堂上进行价值引领的目标，研究大学英语课程中进行价值引领的策略，建设大学英语课程中进行价值引领的载体平台，梳理大学英语教材中关于价值引领的话题，开展大学英语课进行价值引领的成效研究等可行性建议。

一、研究背景

（一）课程思政

近几年，课程思政，即把专业教学与思想政治教育有机结合成为高校专业课程建设的新重点。大学英语课程是语言教学，语言教学应是工具性与人文性的统一，而人文性的核心在于弘扬人的价值。语言教学的目标是人才综合素质培养与全面发展，这与思想政治教育促进人的全面发展根本目标殊途同归。然而，在课程教学中，英语语言的工具性常被过分强调，人文性常被忽视，语言学习的功利性很强，价值引领欠缺，教学内容和思政内容缺乏有机融合。大学生中存在自我意识强、不关心政治、责任感缺失，甚至人生观、价值观偏离的现象，为社会未来发展埋下隐患。把价值引领融入大学英语教学，是对党中央向高校提出的"各类课程与思想政治理论课同向同性，形成协同效应"这一新命题的响应与践行，是开展课程思政、落实学科育人的具体行为。

（二）价值引领

所谓价值引领就是引导学生进行正确的价值判断和选择。在当代中国，价值引领是指社会主义核心价值体系（马克思主义的指导思想、中国特色社会主义的共同理想、以爱国主义为核心的民族精神和以改革创新为核心的时代精神、社会主义荣辱观）与社会主义核心价值观（富强民主、文明和谐、自由平等、公正法治、爱国敬业、诚信友善）的引领。这些反映了当代中国精神，体现了全国人民共同的价值追求。帮助学生认知、认同、树立、践行社会主义核心价值观，是高校大学英语教学以学树人的灵魂与核心。全国高校思想政治工作会议召开以来，国家出台了一系列针对高校思想政治建设、文化建设的相关政策，价值引领成为语言教师必然承担的责任。

二、研究意义

（一）强化外语教学德育功能，推动外语教学课程改革

司马光曾说，自古以来，国之乱臣，家之败子，才有余而德不足也。把价值引领融入大学英语课程教学就是以此为戒，强化外语学科德育功能，弥补传统应试语言教育重成绩、轻德行的不足，促进思政课程与课程思政合力育人。2016年

12月，在全国高校思想政治工作会议上，习近平总书记强调要坚持把立德树人作为中心环节，把思想政治工作贯穿教育教学全过程，实现全程、全员、全方位育人。要引导学生正确认识世界和中国发展大势、中国特色和国际比较、时代责任和历史使命、远大抱负和脚踏实地。2017年2月，中共中央、国务院印发的《关于加强和改进新形势下高校思想政治工作的意见》明确提出，要将价值引领贯穿教育教学全过程和各环节。近年来，全国教育系统积极构建一体化育人新模式，不断提升思政教育亲和力，"大水漫灌"变成了"精准滴灌"，即如涓涓细流一般融入各个专业学科教学中。大学英语课程作为一门必修基础课，课时多，时间跨度大，由英语教师进行价值引领可以使这门课程在塑造大学生价值观方面起到春风化雨的作用，让思政内容活起来、扎根到课程里，提升大学英语课程的德育功能。

大学英语课程作为语言学科，包含丰富的思想观念、人文精神、道德规范，如何进行价值引领，使其与思政课程同向同行，更好地为人民服务，为中国共产党治国理政服务，为巩固和发展中国特色社会主义服务，为改革开放和社会主义现代化建设服务，将是大学英语教学改革的大方向。2018年9月，在全国教育大会上，习近平总书记深刻指出，教育就是要培养中国特色社会主义事业的建设者和接班者，而不是旁观者和反对派；2019年1月，《光明日报》指出：做好高校思想政治工作，要因事而化、因时而进、因势而新。在这样的要求下，把价值引领融入大学英语教学，必将促进新时代背景下外语教学课程改革。

（二）守住意识形态阵地，在探索中积累经验

大学英语课程不同于其他专业课程，是中西方文化意识形态和思想价值体系之争的前沿阵地。当前国际形势复杂演变，外国势力从未放松对我国的文化侵蚀与渗透，且变得更为隐蔽复杂。大学英语从表层看是语言教学，但其语言体系中，

蕴含、镶嵌着西方文化价值观,具有很强的隐蔽性,对大学生价值观潜移默化的影响不容忽视。价值引领,课程育人,有助于我们守住这块前沿阵地。大学英语是我国高校受众最广的学科,是高校实现立德树人根本任务的"实践基地"。通过价值引领强化语言教学育人功能,加强学生对西方文化中心论、西方文化价值观,尤其是西方媒体宣传的双重标准和霸权主义行径的认识,是坚定文化自信、增强文化自觉和坚守社会主义意识形态的重要途径,有助于大学生在正确认识中国特色和国际比较过程中,树立社会主义核心价值观。

业界同人就如何把价值引领有机融入大学英语课程做了各种尝试与研究,但就英语学科来说有针对性的研究尚缺少,仍处在探索与积累经验的初始阶段。如何实施、采取哪些途径、如何建设教学团队和载体平台等都有待研究。但"守好一段渠,种好责任田",把价值引领融入大学英语课程教学是高校英语教师义不容辞的政治责任,要勇于担当、乐于尝试,在探索中积累经验。

三、研究现状

(一)上海试点先行,全国普遍推广

2016年,上海市各高校围绕思想政治教育改革率先提出"课程思政"这一概念,通过构建融思想政治理论课、通识课、哲学社会科学课、自然科学课等课程为一体的立体化课程体系,充分挖掘各个学科、各类课程的思想政治教育资源,发挥不同课程的育人功能,为全国"课程思政"改革提供了一套有价值、可推广的"上海经验"。目前,上海市"课程思政"整体试点校12所、重点培育校12所、一般培育校34所,基本实现全市高校全覆盖。各高校已建设"中国系列"课程近30门,综合素养课程175门,近400门专业课程申报开展试点改革。

继上海之后,"课程思政"改革逐渐在全国高校范围内展开并得到广泛认同。近

年来，高校教师探索把价值引领寓于课程，让课程承载价值引领的有效路径，形式从交流会、推进会、研讨会，到示范课、专题讲座、教学技能大赛、调研等，丰富多样。例如：北京联合大学挖掘各门课程蕴含的思政教育元素，建立了27个示范课堂。中南大学组织深化"课程思政"的路径与方法专题培训。天津大学曹树谦教授以"实践小记"形式与全校师生分享课程思政心得。厦门大学启动2018"课程思政"建设计划，建设通识教育课程与专业教育课程。河海大学举办课程思政论坛。西南交通大学校长徐飞将"创新、协调、绿色、开放、共享"五大发展理念讲到学生心里。2017、2018两年的入学季，全国多所大学党委书记担当起协同效应第一责任人，为新生讲授入学第一堂思政课，勉励他们走好为人为学之路。中央美术学院依据艺术专业学生特点，从作业到作品，通过绘画、雕塑、动画、海报、幻灯片、影像等多种形式表达着思政课主题内容，使艺术院校的课程思政真正"活"起来。华东师范大学指出，课程思政要实现溶盐入汤、育人润物细无声的效果，他们创新课堂教学评价制度，使学生对课程思政有感知、有认同、有受益。山东理工大学出台了"课程思政"实施办法。在内蒙古通辽市，举办了"课程思政"教学技能大赛。总之，课程思政改革正在全国高校普遍推广。

近年来，辽宁省业界学者对省内教育资源不断整合、挖掘，积极实践从"思政课程"到"课程思政"的改革与探索。东北大学以"聚焦需求，精准引航"为主题构建文化育人新平台；大连海事大学以"时代楷模"曲建武网络工作站为平台实践网络育人新模式；东北财经大学开展思政教育、实习实践、课堂教学"三线合一"的实践育人新举措，三所高校均第一批入选我国高校思想政治工作精品项目名单。省内各高校探索不断，大连大学举办"课程思政"建设推进会；辽宁石油化工大学召开2018年"课程思政"试点课程建设工作会议；大连理工大学召开"课程思政"建设座谈会；等等。

（二）成果初步取得，研究尚待丰富

目前，相关工作已经取得了一定成果。对于课程思政，邱伟光认为，它是价值理性和工具理性的统一，是高校教师在传授课程知识的基础上引导学生将所学的知识转化为内在德行，转化为自己精神系统的有机构成，转化为自己的一种素质或能力，成为个体认识世界与改造世界的基本能力和方法。燕连福认为，要搭建高校各类课程教师互动与对话交流机制和平台，健全各类课程协同育人的制度保障和评价体系。焦苇认为，要突出综合素养课程和专业课程教学的育人导向，促使知识传授与价值观教育同频共振。黄怡凡认为，一直以来，大学英语课的工具性色彩十分浓重，学教双方都有很强的功利性。许多教育工作者只把重点放在专业知识成果输出上，忽视大学生思想变化及心理诉求，没有充分发挥出专业教师在"学科德育"方面的作用，甚至对此缺乏认知。在这样的情况下，辽宁省大连理工大学刘宏伟教师主持的《"四个统一"视域下研究生导师立德树人案例汇编》项目入选第二批《高校思想政治工作研究文库》。

虽然课程思政研究在全国高校已经展开，但经调查得知，专门针对大学英语教学的课程思政、价值引领研究仍十分缺乏。中国知网截止到2019年3月5日统计数据显示，相关文章共计23篇，全部发表于2018年以后，相比于8万多篇大学英语教学相关的文章而言，数量太少。其中，珂璇和卢草坪提出了新的大学英语教师职业发展观，傅荣琳提出了大学英语课程思政的实践路径，邓月萍探讨了大学英语课程思政的教学设计，谢琪岚研究了大学英语课程中的思政元素，刘清生对大学英语教师的思政能力进行了理性审视，黄怡凡提出了把大学英语课程作为"隐形思政课程"的建议，李平和王聿良论述了大学英语课程向思政课程拓展的可行性,安秀梅研究了大学英语课程思政的功能,等等。总体而言,外语学科专业教师思想政治教育意识、自觉进行价值引领的意识尚待加强,专门针对大学英语教学的价值引领研究尚待进一步丰富与深入。大学生在价值体系建立过程中知却不真知、不全知、不深知的问题突出。对于传统思政课程,他们往往缺乏兴趣,参与度、专注度都很低。对于传统大学英语教学,课程思政内容少,教师对学生价值的引领不够,相关实践少,研究少,师生双方都有待提升和改进。

四、路径

(一)强化教师意识,确立引领目标

对于"课程思政"的育人功能、"价值引领"在课程思政中的关键作用,教师作为传道者首先要充分理解,强化理念,"明道""信道"才能"传道"。从学校到学院,加强对一线语言教师的课程思政意识教育,使其不但能传授语言技能,同时也能自觉承担起社会主义先进思想、文化传播者的责任、坚决执行国家大政方针、弘扬社会主义核心价值观,做好大学生英语课堂上的灵魂塑造工作,成为合格的引路人。培养教师"价值引领"的能力,把价值引领能力纳入语言教师素养评价指标,把价值引领内容融入教学内容,把课程育人的目标任务、话题语料、典型案例、考核方式等写入教学大纲,让价值引领看得见、摸得着、有形化、常态化,以此强化教师理念,让价值引领有意、有效、有质地进行。

有目标才会有动力、有方向。价值引领同样需要目标的指引。大学英语课程在大学期间开设的时长平均为两学年,即四学期,可以针对不同学期、不同年龄的学生特点和认知水平,同时结合不同民族、不同专业学生的文化背景,为价值引领确定不同的重点和目标。比如第一学期强化价值认知、第二学期强化价值思

辨、第三学期强化价值认同、第四学期强化价值践行。教师在进行价值引领时做到有的放矢，重点突出，全程贯穿，通过每学期的不同目标实现引领的系统性、连贯性。以第三学期的价值认同为例，针对大学生中出现的"价值认同危机"，教师自身首先要明确"培养什么样的人、如何培养人以及为谁培养人"这一根本问题，明确大学英语课肩负培养中国特色的社会主义合格建设者和可靠接班人的使命，引领大学生认同社会主义核心价值观，为践行社会主义核心价值观奠定基础。

（二）研究教学策略，丰富引领方法

做到价值引领与大学英语课程的无缝对接，实现二者的有机结合，策略至关重要。运用辩证唯物主义与历史唯物主义的研究方法引导学生进行价值认知与思辨。同时把语言学、外语教学中的情感策略、元认知策略、自主学习策略、显性教学策略、隐性教学策略等应用于大学英语课程中的价值引领策略研究。具体包括：从人本主义视角考量价值引领的情感策略，避免说教、降低焦虑，提升学生在接受价值引领过程中的愉悦感和接受度；从语言学元认知策略视角考量学生在价值引领中的自我认知、自我监控、自我调节；从英语自主学习策略视角考量价值引领对学生学习风格、学习动机、学习效果的影响；从显性语言教学策略与隐性语言教学策略相结合的视角探索在价值传播中丰富知识底蕴、在知识传播中进行价值引领的最佳办法。通过开展策略研究提升价值引领在大学英语课程中的接受度，查找传统思政课上学生不感兴趣的原因，通过多种策略的使用避免生硬的讲解，提升效果。以元认知策略为例。作为典型的学习策略，元认知强调的是个体对自己认知过程的调节能力，从而实施有效监控与管理。

（三）建设载体平台，梳理引领话题

价值引领离不开载体平台建设。一是利用各类大学英语教材、教辅在价值引领

中的载体作用,包括纸质书、音频与视频材料、网络链接、微课、慕课等。二是利用通讯 APP 在价值引领中的载体作用,包括教师间、同学间、师生间微信群与 QQ 群。三是利用纸媒在价值引领中的载体作用,包括大学学报、学院院报、宣传海报、画册等。四是发掘各级组织、团体在价值引领中的载体作用,包括学校、学院党委、各级党支部、党小组、教学团队、学生会、学生社团等。五是利用各类活动在价值引领中的载体作用,包括竞赛、演讲、报告、访谈、会议、公开课、示范课、实践课等。以活动为例,年轻的大学生们热衷于各类校园活动,并在参与、锻炼中提升自身素质。比如组织学生开展与价值引领相关的英语演讲,介绍校园中发生的积极事例等。六是利用网络、广播、电视等媒体在价值引领中的载体作用。比如学校、学院网站、校园广播站、校园电视台等,发挥外语学科优势,实现英汉双语对典型事例的宣传、宣讲,将受众对象扩大到包括外国留学生在内的所有在校学生。

价值引领需要梳理好话题。大学英语教材中包含着诸多西方文化元素,价值观影响潜移默化,且表面看来话题分散、不系统,不易引起师生的察觉与重视。针对这一问题,大学英语教师首先要收集、整理、研究教材中与价值引领相关的话题,开展对价值引领话题的梳理、创建工作。一是针对大学英语教学大纲中涉及的文化、经济、教育等多个话题,广泛征求任课教师的意见与建议;二是通过分工协作与讨论学习,从英语时事新闻、重要历史事件沿革与发展,中西方文化历史发展与对比等方面,筛选价值引领与塑造话题;三是从道德与规范、精神与物质、法治与法规等多个角度,选取与每个话题紧密相关的中英文资料;四是通过观点阐述、数据佐证、案例分析等多种手段,形成系统的大学英语课程教学中的价值塑造话题,最终向语料研究的方向发展。现以我国高校本科普遍使用的大学英语教材《新视野大学英语读写教程》为蓝本略举两例。第一例:第三册第七单元讨论到经济危机下人们失业难以维持生计的话题，文中一位有三个成人子女的母亲却流落街头、老无所依。对此可以把中西方在亲子关系、责任义务方面的差异进行比较，让同学们通过切身体会做出判断，深入理解中国传统文化中孝敬父母、赡养老人、使父母老有所依的美德与价值观。第二例：第四册第五单元讨论到一位在美国移民家庭中长大的中国孩子，因为不了解中国的价值观，当别人评价他"discreet"（内敛）"modest"（谦虚）时他非常沮丧与恼火。那是他对这两个词在中国文化中所代表的含义的误解造成的。价值体系不同造成了误解，但这样的误解如果任课教师不能及时引导学生发现、思辨，必将把学生带入文化认知偏见的误区。

（四）开展成效研究，评估引领效果

成效研究可以从教师和学生两个层面进行。出台对价值塑造成效的评估办法，通过教师听课、集体讨论、师生典型案例分析及访谈等，研究教师把思想政治教育融入教学能力的评估办法，研究评估学生社会主义核心价值观塑造成效的办法，形成价值引领的具体操作指南并使其标准化和系统化，让价值引领不仅仅进教材、进大纲、进课堂，更要考察其是否进思想、进行动，考察价值引领是否做到"形神兼具"，而绝不是"有形无神"。要做到这一点，教师自身首先要深刻理解和准确把握社会主义核心价值观的精神实质与丰富内涵，才能将价值引领体现在行动上，融入灵魂里。大学生处在接受新事物、新思想最活跃的阶段，总是期待自身观点与问题得到回应。开展针对学生的价值引领成效评估，可以让教师在引领上更精准，做到胸中有数。实践层面，研究如何多样化、动态化、系统化地把价值引领融于大学英语课程。其中多样化包括话题多样化、载体多样化、策略多样化、评估手段多样化等；动态化是指研究总结、创新解决问题的途径并非僵化、一成不变。比如在因材施教方面，分析对待少数民族和汉族学生采取的不同引领方法；

系统化包括理论系统化、实践系统化、话题系统化、评估系统化等。

价值引领要有机融入大学英语课程，可以借鉴其他学科课程思政的经验和成果，但不能完全照搬照抄，需结合外语学科独有的特点，从整体上考察融入路径，结合辽宁省高校大学英语课程在价值引领方面的开展情况，多维度地把价值引领融入大学英语课程，除上述提到的六点办法外，还包括：培养教师育人能力、发挥学生主体作用、党员先锋作用和团队示范作用、针对学生因材施教、改进教学课程大纲、完善教师评价体系等，实现大学英语课进行价值引领的特色创新。通过运用马克思主义学科和外语学科教学研究的理论和方法，把对大学生的价值引领置于大学英语课程实践中，开展两学科之间的跨学科研究，实现研究视角创新。每所高校都有自身的育人传统和文化精神，价值引领需结合各高校自身特色，创建由马克思主义学院理论指导，外国语学院组织实施，大学英语教学一线教师实践，全体在校本科生参与的工作体系。同时，把学院党支部、学生党支部、科研团队、教学团队、学生会等组织部门纳入工作体系，实现工作体系创新。响应习近平总书记的号召，把价值引领"落细、落小、落实"，让大学英语课成为培养崇学向善、明辨乐思、知行合一的社会主义接班人的平台是我们的最终目标。

第五节 合作原则对大学英语教学的启示

格莱斯提出的合作原则是语用学研究中的重要理论。格莱斯将合作原则具体细化为四条准则，即数量准则、质量准则、关系准则和方式准则。格莱斯认为，人们在交流时，总是下意识地遵循合作原则。而一旦违反合作原则，就会产生会话含义。在大学英语教学中，如果引入合作原则，并向学生介绍会话含义的产生机制，有助于提升大学生的英语学习效果，提高大学英语教学质量。

一、合作原则

英国哲学家格莱斯于20世纪60年代在哈佛大学做了三次演讲。在演讲中，他提出了著名的"合作原则"和"会话含义"理论。格莱斯认为，日常的会话交际之所以能够正常进行，会话双方一定是遵循着某种规则。或者说，为了使会话交际正常进行，会话双方一定是朝着某个共同目标而努力的。经过长时间的思考，格莱斯决定把这种大家都默契遵守的原则称为合作原则（Cooperative Principle，CP）。著名哲学家康德在其"范畴表"中曾经列出"数量""质量""关系""模态"四个范畴。这一做法给了格莱斯很大的启示。在此基础上，他又把合作原则细分为四个准则，即数量准则、质量准则、关系准则和方式准则。

（1）数量准则（The Maxim of Quantity）：指会话人所说的话能够满足交际所需要的信息量。

1）所说的话应该满足当前交流所需要的信息量；

2）所说的话不应该包括多于交流所需要的信息量。

（2）质量准则（The Maxim of Quality）：指会话人所提供的信息必须是真实的。

1）不能说自认为是虚假的话语；

2）不能说缺乏证据支持的话语。

（3）关系准则（The Maxim of Relation）：所说的话和谈论的主题是相关的。

（4）方式准则（The Maxim of Manner）：会话人必须清楚地说出自己的话语。

1）不能含糊不清；

2）不能产生歧义；

3）必须简短，不能冗长；

4）保持有序。

二、会话含义的产生

格莱斯认为,在正常的言语交流中,对话双方总是有意或者无意地遵守合作原则,使交际能够正常地进行下去。在某些情况下,为了某种交际需求,会话人会公开违背合作原则中的一个或几个准则,从而间接地表达出自己的真实意图。格莱斯将这种由听话人推导出来的间接意义称为"会话含义"(conversational implicature)。

(一)由于违反数量准则而产生的会话含义

在某种交际场合中,会话人为了含蓄地表达某种特殊意思,会有意少提供交际所必需的信息。例如,A向B询问C在大学期间的学习成绩时,B知道C的学习成绩不太理想,但是又不好当面拒绝回答A的问题,只好说了以下的言语:"He has made a lot of incredible friends here, impressed every teacher with his beautiful voice and volunteered to help the poor children in some remote places." 很显然,B故意违反了合作原则中的数量准则,没有提供交际所包含的全部信息。B对C的学习成绩只字未提,反而一直强调他人际关系很好,交了很多朋友,声音优美,还自愿帮助偏远地区的贫困儿童。A知道B故意违背数量准则,一定有其特殊动机,即C的学习成绩很不理想,但又不能直接表述出来。

(二)由于违反质量准则而产生的会话含义

在某些交际情况下,会话人会故意违反质量准则,间接地表达出自己的真实意图。例如,A向B询问Sally是个什么样的人时,B的回答是:"She has a heart of gold." 根据语义学中的真值条件理论,这句话的真值条件肯定为假。因为有常识的人都知道,人的心脏不可能是金子做成的。从语用学角度来看,这句话是有意义的。说话人通过故意违反质量准则,向听话人传递了一种隐含的信息,即

Sally 是个心地善良、非常友好的人。

（三）由于违反关系准则而产生的会话含义

根据合作原则，人们在语言交际时，必须提供与话题相关的信息，否则会出现所答非所问的情况。在某些交际情况下，会话人会故意违反关系准则，从而传递某种特殊含义。例如，A 和 B 聊天时，A 突然问 B 的婚姻状况。这时候，B 是这样回答的："I enjoy NBA games a lot and watch them every day." 即 B 的回答显然是和 A 的提问无关的。通过 B 的回答，A 可以推断出言外之意。B 认为一个人的婚姻状况是个人隐私，不愿意回答该问题。为了表达出该意图，他故意提供了一个与该话题没有任何关系的回答。

（四）由于违反方式准则而产生的会话含义

根据合作原则中的方式准则，会话人在交际时，应该尽量表达清楚，避免使用模糊和晦涩的言语，从而避免歧义的产生。在现实交际中，会话人会通过故意违反方式准则的方式，实现自己某种特定的交际意图。例如，A 和 B 都是中国人，在用汉语聊天。当 A 问 B 小马的人际关系如何时，B 回答道："Let's talk about that in English." B 没有用母语直接回答 A 的问题，反而用了英语这种非母语语言，这显然违背了方式准则。他这样做的目的，无非就是不让旁边的人听懂他们之间的谈论，以免造成不必要的麻烦。

三、合作原则在大学英语教学中的应用

合作原则可以应用在大学英语的教学实践之中。引入会话含义这一概念，可以使学生深刻地理解会话人的深层含义，从而使学生的语言能力和语用能力得到有效提升。下面就从几个方面来陈述：

（一）合作原则在听力教学中的应用

听力试题在各种英语考试中所占的比重都很大。例如，在大学英语四级考试中，听力的比重就占到了35%。在日常的课堂教学中，授课教师应有意识地引导学生运用合作原则来理解会话人的真正意图。教师可以简单地介绍一下合作原则，并从四个准则的角度为学生提供一些相关的例句。例如：

A：I had a quarrel with my roommate. Every night she stays up very late. I can't fall asleep when she is around making noises in the room.

B：I'm so sorry to hear that. Like you, I'm an early bird, too. It's hard to share a room with a night owl.

Q：What does the second speaker mean?

在这段听力材料中，B并没有直接表明他对A室友的态度。通过说自己与A有着相同的生活习惯，间接地对A室友的做法进行了批评。由于A和室友有着不同的作息习惯，因此，和这样的室友很难相处。

除了短对话，合作原则在长对话和篇章材料中同样可以有效应用。

（二）合作原则在口语教学中的应用

在介绍完合作原则之后，教师可以引导学生逐步提升自己的语用意识，在不同的场合中，对不同的会话人采用不同的说话方式来达到顺利交流的目的。此外，针对不同的语境，教师可以和学生一起探讨，在各种语境下可以采用何种语用策略来进行会话。例如在下面的语境下：

One of your classmates always comments on other people negatively, which embarrasses you a lot. One day, during a classroom discussion, he begins to comment on another classmate negatively. What could you do to solve this problem?

授课教师可以将学生分为不同的讨论小组，让学生讨论：运用什么样的谈话策略来说服你的同学，使他不再对别人有负面评价。既要做到委婉地提醒你的同学，同时也不能影响你们之间的人际关系。

等学生小组讨论结束之后，每个组可以找1~2位同学进行发言，和其他组信息共享。这样的讨论和分析，可以有效提高学生的语用能力，将合作原则应用到教学实践之中。

（三）合作原则在写作语教学中的应用

在很多英语测试中，写作题目都有一定的字数限制。这就要求考生必须充分遵守合作原则四准则，在数量、质量、关系及方式几个方面下足功夫。既要保证写作内容全面，论点充足，又要避免赘述，造成表达力不足。

此外，合作原则在阅读和翻译方面也可以得到有效应用。由于篇幅关系，本节就不一一论述。

格莱斯的合作原则是语用学的一个重要理论。人们在交际时，总是潜意识地遵守合作原则及其相关准则。通过故意违背其中的一个或几个准则，可以产生新的会话含意。大学英语教学过程中，授课教师可以给学生简单地讲授合作原则及其四个准则，使学生意识到会话含义的产生机制，并在语言学习过程中有意识地应用该理论。

第六节　有机教育与大学英语教学

有机教育作为后现代哲学的产物，为大学英语教学改革提供了新的视角。有机教育倡导教育要素之间的纵向横向联系，知识学习和个人发展的有机联系，这对大学英语教学改革有一定的启示作用。在教学案例呈现有机教育思想的指导下，大学英语教学对学生知识学习及个人发展起到了促进作用。

大学英语教学一直走在教学改革前列，40多年来大学英语在提升学生英语语言技能方面取得了可喜的成绩，但同时也面临很多争议和危机。大学生为什么要学英语？大学英语的教学目标是什么？学习者的需求是什么？面对这些质疑，外语界一直在不断地探讨解决途径和改革方向。2016年教育部颁布的《大学英语教学指南》明确指出："大学英语在注重发展学生通用语言能力的同时，应进一步增强其学术英语或职业英语交流能力和跨文化能力，使学生在日常生活、专业学习和职业岗位不同领域或语境中能够用英语有效地进行交流。"这一指南对大学英语教学提出了更高要求。本节用哲学家怀海特提出的过程实体哲学和教学目的来指导大学英语教学改革。

一、过程哲学与有机教育

怀海特在1929年出版了两本十分重要的论著，即《过程与实体》和《教育的目的》，为哲学和教育学开启了新的时代。第一本书批判了各种实体论，提出了过程论。实体论长期占据了主导地位，认为宇宙万物由实体构成，包括物质实体和精神实体。过程论则避开了对二者的绝对区分，认为所有实体都是处于一定有机关系和发展过程中的，"宇宙有动态性、流变性和过程性，应在动态性宇宙和动态性人类之间建立创新和和谐"。而《教育的目的》一书则认为，教育的目的不仅仅在于传授知识，更要强调教育要素的有机联系，开启学生的智慧，认知自身的责任。Mc Daniel 认为，有机教育的教育目标是激发学生的好奇心，发展潜在创造力，培养有责任、有热情、尊重他者和自然的学生。中国学者王治河和樊美筠基于怀海特的哲学和教育思想提出了有机教育，认为教育应该整合各种要素，批判了教育中的碎片化现象，倡导在教育中实行有机教育的方针。这也适用于大学英语教学，避免大学英语教学沦为高四、高五英语学习，避免教学内容低层次重复。在大学英语教学设计中，应该让学生所学到的知识不都是一些碎片，而是使教学内容无论在语言还是内容上都整合为一定的知识整体。在教学内容的设计中，应该考虑结合单元文章，梳理出一个系统性的知识板块，将它和其他学科、其他领域的知识结合，使课程讲授不再是语言技能的训练，也不再是翻译机器的训练，使大学英语课程能够实现新的教学目标，使其进一步增强学术英语或职业英语的交流能力和跨文化能力，使学生不仅能够进行日常的交流会话，也能够在不同领域对某一话题进行一定深度的探讨，使大学英语教学实现以英语语言技能为工具，建立和各个领域新的连接点，促进知识和个人能力的全面发展。

二、有机教育和大学英语教学

有机教育要求教师有"系统归纳、触类旁通的综合能力，在讲授某一知识点时，有必要将其前因后果、相关联系交代清楚"，这样才可以有效地避免碎片化教学的弊端。大学英语教材通常是围绕某个话题篇章为主线进行单元设计，以《全新版大学英语综合教程(第四册)》第一单元为例，单元主题为自然力量对战争产生的影响，阅读文章选取了拿破仑和第二次世界大战（简称"二战"）中的两次极具影响力的战役来说明自然力量的强大。学生通过阅读该篇章，能够体会自然的伟大力量。但是教师若能够实践"系统归纳、触类旁通"的有机教育精神，可以以该篇章为火花，点燃一片火海，使学生的视角能够触到更广阔的领域，建立更多的知识联系。如教师可以引领学生回顾二战历史，了解更多的二战著名战役、社会民情，以文章为起点，触发学生对二战的回顾及二战的影响，使学生碎片化的知识连接为一个整体，对战争有更全面的认识，植树成林，从中获得启发。

三、教学案例

有机教育强调教师和学生共同合作。如教师需要在课前认真梳理二战的过程，搜索反映二战的视频或文章，使学生了解二战的全貌，在此基础上形成自己的认识。教师可以梳理出以下问题：①二战之前的社会、经济、政治情况；②二战的起因；③二战的参战国及其各国在战争中的表现；④二战的经过；⑤二战的著名战役；⑥二战期间的社会、政治、经济、人民生活情况；⑦二战时期人民对战争的态度；⑧二战的结果；⑨二战对参战国及其人民的影响；⑩二战后人们对战争的评价。

教师若在备课过程中不厘清二战的全貌，只是把文章翻译一通，让学生背诵单元词汇，学生会觉得该文章枯燥无趣，也就不可能激发其好奇心，发展其创造力。但是如果教师梳理出有关二战的以上问题，就可以让学生了解二战的全貌，在此基础上产生自己的想法。教师既可以自己准备解答以上问题的全部资料进行课堂讲授，也可以列出这些问题让学生课前找到相关内容进行课堂介绍。另外，也可以鼓励学生找出其他和二战相关的议题，以小组为单位，查找相关资料，准备好视频或文字材料，在课堂上进行交流或讨论。由于课时限制，笔者采取第二种办法，提供给学生以上十个问题，让学生组成若干小组，选取其中的两个议题进行资料收集，组织材料进行课堂介绍。

每个小组选取话题后，都对该话题进行了资料收集和整理，准备了课堂讨论的资料。由于课后时间较充裕，题目内容较集中，所以每个小组的话题论述内容比较充分，部分讨论还比较深刻。研究二战之前的社会、经济、政治情况和二战起因的小组梳理了二战的起因，认为二战是由经济危机、法西斯独裁、一战影响、绥靖政策等各种因素导致的。该小组做完课堂发言后，有学生提出了各个原因是否有联系，大家对此进行了一番讨论。有学生提出正是由于一战的影响，才让英法各国采取了绥靖政策，以至于让法西斯壮大了军事力量。通过基本事实的梳理，大家还能发现各个原因的联系，这就实现了有机教育启发学生智慧的目标。小组完成讨论之后，大家就对二战的轮廓有了清晰完整的了解。经过教师的精心准备，以课文中的一场战役为切入点，引导学生纵观二战全局，使学生见树又见林，有效地消解学生对二战的碎片化认识。在小组对所选题目进行陈述时，要求其他小组以表格的形式记录二战的各个要素，既可以厘清二战的发展历程，也有利于看到各个因素之间的相互联系。

有机教育作为后现代哲学的产物，完全适用于大学英语教学。有机教育倡导教育要素的有机联系，以开启学生智慧、服务社会为目的的教育思想通过教师的精心设计都能在教学中落实，切实促进教学方式的进步。

第四章 英语文学与语言的关系

第一节 英语文学中的语言艺术研究

语言是文学作品的重要表现形式，不仅能通过语言拉近作品与读者之间的心灵距离，还能在很大的程度上帮助读者更好地理解文学作品的深刻内涵。通过研究一部英语文学作品的语言艺术能更加透彻地掌握文学作品的中心内容。很多文学作品之所以能闻名于全世界，在很大的程度上与其语言艺术具有密不可分的关系。语言艺术不是一个单一的概念，而是包含了几个方面的内容，对其进行深度研究能在很大的程度上对英语作品进行更深度的剖析，对研究英语文学具有非常重要的意义。

形象性作为最基础的语言艺术是文学作品的一个基本特点，不仅展现了一定的抽象性，还展现了一定的具体性，尽管能从文学的角度对其进行剖析，却又无法真正地感受到。在每一部文学作品之中，作者都会创造一个具有代表性的人物，这个人物一定要具有一定的形象性才能很好地引导故事朝着一定的方向发展，也是通过形象人物的设置来反映作者所处时代存在的矛盾或者表达作者心中的情感。

情感是一部文学作品的内涵，语言是其表现形式。作者通过运用不同的语言展现内心的情感。因此，情感表达也是语言艺术在文学作品中的一种载体，能在很大的程度上将作者内心的真实想法充分表达出来。作者表达不同的情感应该运用不同类型的语言。从作品内涵的角度来看，文学作品都能展现一定的情感。情感性的特点是研究语言艺术的重要内容。

不同的英语文学作品都是用不同程度的生动性语言渲染出不一样的阅读氛围，从而给读者带来不一样的阅读体验。从分析英语文学作品的角度来看，英语文学作品中的生动性主要是一种虚拟世界，读者通过阅读进入作者创设的生动的世界中去，尽管并未真实见到作品中所描写的人物以及事物，却仿佛已经与作品中的人物身处同一个空间，从而使读者产生更加真实的阅读感受。语言不仅是想法表达的主要载体，也是艺术交流的一种表现形式。作者能运用生动性的语言将自己内心的人物以及景物描写出来，再通过生动的语言将读者带入作品中去。

含蓄性在很多的文学作品当中都有一定的体现，在文学作品中的含蓄性与人们认知中的含义可能存在一些不同之处，这里的含蓄性主要指的是作者在作品中会使用一些带有隐喻色彩的语言，并不将所有的内容都描写清楚，而是为读者留出了一定的思考空间，这样的写作方式使读者在阅读的过程中产生一些思考，从而从不同的角度理解文学作品。很多英语作者在其文学作品中，都会用一些比较笼统的语言来表达对事物的看法，看似有所描述，实际上却留下了无限的思考空间，启发读者在阅读之后能静下心来仔细回味和思考，发现作者隐藏在字里行间的情感。例如，在海明威的《老人与海》这部作品中，作者运用了大量的含蓄语言来描写老人的性格，有的读者将老人想象成正义的化身，将鲨鱼想象成恶势力的化身等。作者并没有在作品中直接描写人物和动物代表了什么，而是引导读者充分发挥自己的想象来深入体会。

综上所述，语言艺术是存在于每一部文学作品中的灵魂，对英语作品中的语言艺术进行深度剖析能帮助读者更好地理解作品的含义，从而获得不一样的阅读体验。本节从形象性、情感性、生动性以及含蓄性这四个方面对英语作品中表现的语言艺术进行了简单的分析。通过本节对英语文学中的语言艺术展开一系列研究，希望能为相关学者以及英语文学作品的读者提供更多的参考价值以及阅读启发。

对于文学作品来说，每一种文学作品都是作者思维的具体再现，也是对一定地域和一定民族的文化和风俗的具体反映。在文学作品中，作者通过一定的语言艺术来达到对文学作品主人公的塑造以及对作者主题思想的表达，并且使文学作品在一定程度上具有很高的文学价值。当然，英语中的文学作品也在一定程度上形成了自己独特的风格。

文学语言是塑造文学形象、表达作品主题的工具。文学语言具有语言作为社会交际工具的一般性质与作用。英语文学中的语言艺术极其丰富，会极大地提高学生的审美能力。英语是全世界范围内的语言，这门语言背后蕴含着丰富的文化、生活、习惯等，包含着很多英语背后的文化底蕴，通过对英语文学作品进行学习，准确把握英语文学作品中的语言艺术，不仅能够提升我们的英语文学素养，还能使我们的精神世界得到升华。语言是人与人交流的重要工具，是国家文化的载体，是人类文明的重要体现。14 至 16 世纪时期英语文学的出现，对智慧知识、人文精神的宣扬，激励不少知识人不断革新创作。语言艺术作为一种表现手法，能够充分反映出文学作品中要表达的内涵和情感。每一部文学作品都反映了民族地域的文化和风俗，反映了作者主题思想的表达，并使文学作品在一定程度上具有很高的文学价值。

文学作品之所以产生魅力，一个重要原因在于其创设的虚构世界，产生了多种戏剧性事情的可能性，并以艺术叙述、语言渲染、人物打造、思想冲击来实现读者需要感受的快乐、悲伤等多种情感。文学作品以文字形式表达作者的思维批判、情感寄托、分享快乐、体现价值等。因此，文学语言具有的意象性是其基本特征。在 19 世纪的意象派主义作家中，庞德是一名领军作家。意象派以意象为研究，主要通过至简的意象寄托感情，或是直接传达简单美学。意象派的诗歌创作强调单一意象、用词简洁有力和音乐感韵律节奏，与对语言艺术的挖掘紧密相关。著名诗歌《西风颂》是英国诗人雪莱的名作，"冬天来了，春天还会远吗？"对一代代处于黑暗的人们起到了巨大的激励作用。在该诗中，雪莱描写了西风吹过的山川、大海，西风掠过时万物的模样，让读者感受到作者对自由的向往。西风作为意象，是自由的化身，既代表摧毁腐朽势力的力量，也带来光明和未来。

英语语言的生动性，简单说就是以语言艺术的力量使得文学作品更加生动与传神，能把一切虚构的东西写得活灵活现，使得读者像是身临其境。在生动性的描述方面，英国作家查尔斯·狄更斯就是很著名的，他在名著《雾都孤儿》中，就刻画了奥利弗、费金、布朗洛、梅丽等众多栩栩如生的人物形象。狄更斯以出色的语言使得每个人物角色呈现鲜明的特点，在衣着打扮、形象面貌及场景表现上精心安排，塑造人物极其完美，小说极富张力。文学语言呈现让人惊艳的艺术魅力，既朴实无华，又意境丰盈充满，还饱含哲理。通过阅读，读者能从生动传神的文学语言中感受到不同性格的人物特点，感受到整个社会的风气风貌。在人物形象刻画外，对背景刻画出色的有美国作家福克纳，其创作的《献给艾米丽小姐的玫瑰》《喧嚣与骚动》等名著，对背景中小城的风貌、风俗习惯与地理特征等做了精致的描绘。马克·吐温的《汤姆·索亚历险记》和《哈克历险记》，就以本土主义来表现地方色彩性，描绘出一座独具背景的小城，以其独特的特点、人文习俗、社会风貌构造出独特的背景，推进文学作品的充分发展，充分展现了语言的艺术。

文学作品的写作主要就是体现作者的情感，无论是快乐、悲伤、忧愁等，还是悲情、空洞、虚无，都是作者以特殊的文学语言为载体来实现的，可以说，没有不带感情色彩的文学语言，也没有任何一部英语文学作品是不带有作者感情寄托的。文学语言的情感性是语言艺术研究的一个重点方面，特别是在荒诞派的主要作品及诗歌中得以淋漓尽致的体现。托马斯·格雷作为感伤主义先驱，在《乡村教堂内的挽歌》这部作品中，作者以怀古伤今的文字语言来寄托内心的情感，体现了一种虚无与空洞的情感倾向。《小镇畸人》是美国作家安德森的作品，作者从精神病人的角度来观察整个小镇生活状态，展现整个小镇的混乱，以杂乱的文字开展讽刺，以展示出小镇人们对爱与被爱的向往。弥尔顿写的《失乐园》就充分表达了诗人对上帝存在的质疑，沃兹华斯的《独自云端漫步游》就表达了对大自然由衷的热爱，济慈的《夜莺颂》表达了对真善美的追求。惠特曼作为美国诗歌之父，其《草叶集》揭示了追求自我、自由平等的真理。文学语言充分寄托了作者的情感。

总之，艺术来源于生活，又高于生活。英语文学是文学家们对自己的时代、对自己的生活以思维创造呈现出来的作品，在这个展现的过程中作者需要灵活运用一定的语言艺术对作品内容进行加工处理，从而使作品的思想主旨以及作者想要表达的中心思想得到最好的阐述，也正是因为这些高超的语言艺术手法，才使得作品的文学价值得到升华。

在我们日常的英语学习中，往往学习的都是读音、单词、句子、语法等内容，却很少会对英语文学进行相应的研究，而对于英语文学中的语言艺术，更是缺乏了解。但是，对于这些英语读音单词、句子、语法等内容的学习和了解只是学习英语的基础阶段，想要对英语进行更深入的了解和学习，就离不开对英语文学的深入赏析，而对英语文学进行深入赏析，就必须要了解英语文学中的各种语言艺术。文学是一种高于一般语言的表达形式，而文学的出现，正是代表着一种语言正处于不断发展，甚至走向成熟的阶段。文学涉及的不只是文字的表达，更是融入了对于作品所处背景的深刻把握分析和作者丰富的思想情感。笔者结合对于英语文学研究的多年经验，在语言艺术研究方面给出了一些个人见解。对于英语文学的语言艺术进行研究,是一个十分庞大的系统工程,这么说的原因有两点:一是英语文学的语言艺术涉及的方面非常广,它和英美国家的历史文化习俗特点、地域背景等都具有非常深刻的联系,在研究英语文学的语言艺术时,必须要把这些历史背景、地域特点等结合起来一起研究。二是英语文学的语言艺术多种多样,种类繁多,我们需要对它们进行分类,并进行系统化的研究,而这些语言艺术之间,又往往具有它们自己独特的区别和联系。

文学作品的语言自然与普通的语言是不一样的,它们为文学作品而服务,自然要彰显文学作品独特的特点,表达出该文学作品所表达的情感态度,或者体现对伟大人物的赞扬,或者表达对历史发展的批判,又或者表现对爱情的赞歌,又或者抒发自己的伤感和不得志。这些东西都需要通过语言艺术体现出来。通过对语言艺术的特点的划分,笔者从语言艺术的意象性、生动性、含蓄性、情感性等四个方面对英语文学的语言艺术进行了深入的分析和研究。

文学作品之所以能够吸引人们的关注和喜爱,最主要的是它们来源于生活实际,却又能够超越生活。作者在自己的文学世界中创设出各种虚构的情景和引人入胜的情节。在文学作品中,从来不存在什么可能与不可能,无论在我们看来多么富有戏剧性的情节都可能会发生。作者对生活中的一点儿细微的小事进行夸张或扩大,从而产生戏剧性的效果,通过利用英语的语言艺术对背景进行描述,对情感进行渲染,塑造出一个个特点鲜明的角色,把是非黑白分隔得非常明显,把自己的褒贬态度表现得淋漓尽致。文学语言的意向性是文学语言最基本的特征,当然,英语文学也不例外。英语文学中语言艺术的意象性,表现为它既抽象又具体,它描述的事物有时虽然存在但是我们却感受不到,或者我们能感受得到,但它却并不真实存在。每一部英语文学作品都是通过塑造一个个具体的形象鲜明的人物,通过这个人物鲜明的性格特征,来反映作者内心的情感特征或者是整个时代的人所面对的共性问题，或者是情感追求。

在我们的理解中，意象是一种类比的表达方式。这种语言艺术能够充分地抓住主客体之间的细微联系，能够表现出文学世界与现实生活的区别和联系。以客观实际来打造文学世界，而又以文学世界来反映客观实际。在英语文学中，作者以意向的手法来表达内在，尤其是在英语诗歌文学中。意象派是存在于1909年至1917年间的一个文学流派。在这一时期一些英美诗人发起并付诸实践的文学运动主要是意象主义运动，它反对发表议论及感叹。意象派的产生最初是对当时诗坛文风的一种反拨，埃兹拉·庞德便是其代表人物之一。他的作品主题鲜明，语言含蓄凝练。初看起来，唯有两行如日本俳句式的诗句，却不知这是诗人偶得的印象在主客观之间反复提炼，苦思一年之后，由最初三十行加工成了这简短的两行，可以说是字字经典。

语言艺术的生动性具体是指通过作者对语言艺术的运用，给文学作品或者文学作品中的人物形象赋予独特的生命特征。一个好的作者可以使自己在作品中塑造的形象活跃起来，让人们看到的不只是一堆死板的文字，而是一个可以在脑海中浮现出来的生动的人物，通过对作品中塑造的人物形象进行外貌、性格特点的描述，使人们看到这个人物丰富的内心世界，甚至能够让人们在阅读他的文学作品时，产生一种身临其境、在和故事中的主人公做着一样的事情的感觉。这便是语言艺术中生动性最具体的写照。在文学作品中，运用语言艺术的生动性，使读者产生独特的感觉，有利于读者对于文学作品的理解。

美国现代派诗歌的代表诗人威廉·卡洛斯·威廉斯在《地狱里的科勒》中写道，他试图与诗坛中最杰出的几位诗人——伊兹拉·庞德、华莱士·史蒂文斯、艾略特，特别是艾略特划清界限。威廉斯倾向于以日常生活题材入诗，坚持实用主义的反理性和反智性倾向，诗歌的形式简洁、节奏口语化、意象生动，并强调视觉效果。

威廉斯的诗歌赋予平凡而朴素的事物以深远的诗意，拓展了诗歌写作题材，并具独特审美意蕴。把自己作品的生动性作为最大追求，力求留给作者最好的阅读体验和想象空间。

含蓄性，通俗来讲就是不把话说得特别明白，给读者留下丰富的想象空间。在英语文学作品中，作者要用少量有限的语言去表达出丰富的、无限的内涵。文学作品的作者追求的是一种言有尽而意无穷的境界。通过短短的几句话，来引发读者无限的想象和思考，使读者回味无穷。通过短短的几句话来委婉地表达自己的情感和见解，这样往往比那些把话说得清清楚楚、把情节背景人物交代得明明白白的文学作品更受读者的欢迎。

每一篇文学作品的创作都是为了表达作者独特的情感，或者是要表达对于社会的批判，或者是要分享自己的悲伤或欢乐，或者灵动煽情，或者寂寞虚无，通过对世间百态的描述来表达自己的内心情感，这些隐藏在作品中的深层次的东西，主要是靠语言艺术的情感性来体现出来的，而对于读者来说，阅读文学作品最主要的也是体会它里面所蕴含的丰富的思想情感，那些情感能够对人们起到激励作用，丰富和强大人们的内心世界。对于语言艺术的情感性，表现的最深刻的便是英文诗歌作品和荒诞派。

例如，托马斯·格雷作为荒诞派感伤主义先驱，在他的代表作《乡村教堂内的挽歌》中，那些看似没有意义的怀古伤今的文字，可以使读者从中体会到一种虚无和空洞的情感境界。再有美国作家安德森的《小镇畸人》这篇小说，它从一个精神病人的角度来观察整个小镇，文中语言不区分大小写，对标点符号胡乱省略等现象，都在语言艺术上表现了整个小镇的混乱和无助的情感。此外，马克·吐温的《哈克贝利·费恩历险记》，雪莱的《西风颂》等，这些诗人的日常生活，虽然都是非常平淡的，但是他们将情感寄托在这些诗歌中，并且使用语言艺术表达出来，通过富有情感的语言来表现出自己对于生活的态度和情感，非常恰当地诠释了文学艺术情感性的特点。

英语文学的语言艺术是使英语文学能够广为流传的主要原因之一，我们对于英语文学的研究应该将其语言艺术放在首位。语言文字是我们表达情感和思想的主要方式，研究语言艺术有利于我们更好地了解英语文学的设计和构思，更好地理解作者刻画出的人物形象和要表达的思想情感。从语言艺术的意象性、生动性、含蓄性、情感性等四个方面对语言艺术进行深刻理解是非常有必要的。

意象性、生动性、含蓄性、情感性往往相互联系，在英语文学中会一起体现出来，而不是单独存在着的。语言是人类进入文明时代的标志，语言是丰富多彩的，而英语文学中的语言艺术则更是这样，丰富的语言艺术对于表现英语文学的号召力和影响力是非常重要的。学会对于语言艺术的研究分析，在英语文学的研究学习中会起到事半功倍的效果。

在生活中，人们通过语言交流的方式可以拉近距离，在文学中，要想深入地理解英语文学作品的内涵，首先要理解英语的语言艺术，把握作者的情感走向。英语文学作品中，在语言上的特征非常明显，可以彰显出人物的个性，将主人公复杂的情绪描写得淋漓尽致。在英语学习中，最初也是语言的学习，如音标、单词、短语和句子等，后期学习是对文章进行整体性的把握，这些都只是对文章初步的把握。所以，对文学的理解不仅仅是简单地对字面意思进行理解，还是在了解文字、词汇等语言背景的基础上，把握作者的情感走向，了解作者想要表达的深层次的意思。英语文学尽管也来源于生活，但是高于生活。在英语文学的研究中，无法在短期实现一个很大的突破，也不能只采用一句话去概括，但是这并不意味着英语文学杂乱无章，其也展现出了语言的特征。

形象性语言在文学作品中是一个基础，其是一个抽象的概念，但是具体到某个作品中，读者又能具体地感受到语言的形象性。任何的文学作品在进行人物形象刻画的环节中，都是借助形象性来对社会或者人物内心的矛盾进行烘托。在莎士比亚的《哈姆雷特》中，作者对哈姆雷特这个具体形象的描写中，其是丹麦国王的儿子，身份非常高贵，性格非常善良，并且接受了很好的教育。哈姆雷特相信世界上的真善美是美好的象征。但是他的父亲被陷害，叔父夺取了王位，母亲改嫁，这让哈姆雷特发生了很大的改变，走上了一条复仇的道路。哈姆雷特自身的性格也是导致悲剧的重要原因，哈姆雷特不是一个行动主义者，而是一个典型的思想巨人。莎士比亚通过哈姆雷特这个生动形象的人物描写，将一个高贵的王子展现在人们面前，带给人们美好的畅想，与后来的复仇者形成了鲜明的对比，使读者仿佛亲身经历了哈姆雷特的人生变故。

在文学作品的表现中，情感是内在表现，通过语言艺术，可以将作品的情感充分展现出来，通过具有色彩的语言和句子，可以将作者内心的情绪淋漓尽致地宣泄出来。在文字作品的创作中，通过语言，可以细致地刻画人物的内心活动。在《哈姆雷特》中，主人公面对母亲的改嫁、叔父的篡位，其内心已经走向了崩溃的边缘，产生了浓烈的复仇情怀。哈姆雷特说，我的命运在呐喊，使我全身每一根细微的灵魂都在跳动。莎士比亚通过这个生动句子的描绘，将主人公的仇恨淋漓尽致地书写出来，表达了哈姆雷特急于复仇的想法。在英语文学中，语言性可以表现人物复杂的情绪，使读者更好地理解主人公的思想，与主人公产生共鸣，拉近作者和读者之间的距离，使文章的主旨得到升华。

在文学作品中，通过生动形象的语言可以使读者产生不同的感觉。在英语文学中，语言非常的生动和简洁，通过简单的语言可以表达详细的内容，使读者具有身临其境之感。语言是一门交流的艺术，作者通过生动的语言刻画，可以将头脑中的人物形象活灵活现地展现在人们面前，使读者感受到人物和场景的真实性，引发读者的思考。

含蓄指的是在文学作品的创作中，不能用特别直接的语言，给人带来一定的悬念和想象的空间，我们在生活中可以了解含蓄性的表现。在英语文学中，作者采用有限的文字来表达无限的内涵，使读者感受到无穷无尽的内涵，读者在读后可以静下心来，对文章的内涵进行回味，发现在语言的表象下还有更加深刻的内涵可以挖掘，语言的含蓄性也是英语文学的魅力之一。

意象性（intentionality）是心灵代表或呈现事物、属性或状态的能力。简单说就是一种类比表达方式。广泛流传的著名文学作品之所以能够被世人喜爱和珍藏，都缘于研究者被作者虚构世界中的人物、情节、心理活动描写等深深吸引或产生共鸣，任何戏剧性的情节都可以在作者创设的虚构世界里发生，阅读者通过作者生动形象的语言艺术来理解作品中的环境、时代特色、人物性格和心理活动等，甚至可以深刻感受到作品中人物的喜怒哀乐、历史背景、政治时事和某种社会现象。作者通过语言艺术或塑造一个鲜活的代表人物或创设一段夸张的故事情节来表达自己内心情感、向往和愿望，进而反映某个时代的突出问题或时代特征。"If winter comes, can spring be far behind?"（冬天来了，春天还会远吗？）是雪莱著名代表作品《西风颂》中的经典诗句，深刻表达了作者对自由生活的向往和追求，更激励了中外无数在困境中挣扎的人们。整首诗雪莱运用类比的意向写法，以横扫枯叶的"西风"代替了作者对自由的热切渴盼和坚定追求（O wild West Wind, thou breath of Autumn's being, Thou, from whose unseen presence the leaves dead）。

在法国著名作家巴尔扎克的经典代表作品《欧也妮·葛朗台》中，巴尔扎克生动形象地刻画了一个"极其吝啬""爱财如命""阴险狡猾"的葛朗台。文中有这样一段生动描写："He knows how to lie, squat, starehalf then pounce on their prey, open purse, swallowed the piles of gold, then quietly lying down, like a stuffed snake, quietly, quietly, slowly digest the eat into the belly"（他知道怎样捕获猎物，同时张开钱袋的大嘴，吞进更多的钱）。巴尔扎克在刻画葛朗台的人物描写中，将其比喻成一条贪婪、阴险的毒蛇，张开大嘴永不满足地吞食大量的金钱。巴尔扎克运用生动形象的文字语言，让贪婪、吝啬、阴险的葛朗台形象跃然纸上。

含蓄性表达作品的主题思想、人物性格等是英语文学作品中的一个显著特点，"语忌直而贵曲"是很多作者在文学作品中间接表达自己情感和愿望时常用的写法，读者通过精简的文字可以体会到文学作品深刻的内涵。美国著名作家海明威的经典作品《老人与海》中 "he took hold of one foot gently and held it until the boy woke"（他轻柔地握住男孩一只脚，直到男孩醒来），这段描写文字并不多，但通过老人"轻柔"的动作，含蓄地让读者体会到老人对男孩的关爱和温情。

以上三种英语文学语言特点，在众多经典文学作品中不是单一表现的，而是相互交融、相互支撑的。语言艺术不仅可以丰富英语文学作品的色彩，还承载着作品的主旨、作者的情感、读者的欣赏感受。因此，研究并学习英语文学语言的特点对研究英语文学具有非常重要的意义。

生活中通过语言的交流拉近了人们彼此的距离，在小说或者文学的世界里，也是同样的。想要全面透彻地理解一部英语文学作品，就要先从它的语言艺术入手，作者在语言上运用的表现手法，代表了作者的情感态度、思想感情。比如莎士比亚的著名作品《哈姆雷特》，这篇英语文学作品在语言上突出了强烈的情感性。主人公哈姆雷特爱情的悲剧和复仇的心情，通过语言上的情感性描写把这种既矛盾又无奈的情感表现得淋漓尽致。所以，语言艺术是一个文学作品的重要灵魂。

形象性是所有文学作品的一个基础，既抽象又具体，虽然存在但又感受不到。任何的文学作品都有一个作者刻画出来的形象人物，用形象的特殊性来反映社会时代的矛盾或者作者内心要表达的情感。

情感是一部文学作品的内在表现，通过语言作者表达出自己的思想感情，运用特殊的词语或句子来宣泄自己内心的情感世界，作者创造文学作品就是以文字的方式来表达自己内心的情感世界，任何的文学作品都是有情感的。

比如《哈姆雷特》中主人公在面临自己母亲改嫁的背叛、叔父对自己王位的觊觎时，他的内心开始崩溃，面对背叛产生强烈的复仇愿望。"我的命运在呐喊，使我全身每一根微细的血管都变得像怒狮的筋骨一样坚硬。安息吧！安息吧！受难的灵魂"。莎士比亚通过这种特殊的字词来直接地表达主人公内心的这种仇恨、复仇的激烈欲望，主人公内心强烈的情感。因此，英语文学中语言情感性的表现有利于激发读者的内心情感和文章产生共鸣，拉近了作者和读者的距离，同时也是文章的升华。

任何文学作品，通过语言的生动性都会带给读者不同的感觉。英语文学中的语言生动性简单来说就是一种并未见到具体的人但却如同身临其境一般，活灵活现。语言是一种艺术的交流，作者通过运用生动的语言，把脑海中想象的人物刻画出来，让读者感觉这是真实存在的，进而引发读者深思。

什么是含蓄性？简单来说就是话不要说得太"明白"，但又说了，总体给人留下一个想象的空间，这是在我们生活中的含蓄性表现。在英语文学中，作者用有限的文字来表达无限的内涵，让读者有一种言有尽而意无穷的境界，读过之后需要读者静下来，对文章进行回味深思，发现作者表面的语言下隐藏的一些委婉的情感，这就是语言含蓄性在英语文学中的魅力表现。

无论是在现实生活中还是在英语文学作品中，语言都是一种情感的展现、文化的载体，人类社会正是因为有了语言，才进入了文明时代。英语文学中语言艺术是作者情感的传递，是内在的思想灵魂，读一篇英语文学作品不是只读一遍或者看一下，而是让你通过作者在语言上使用的艺术手法，发现并理解作者的内心深处到底要表达什么。由此可见，理解语言艺术对赏析英语文学有着重要作用。

第二节　正确认识英语文学翻译中的文化差异

国门的打开，使英语交流成了家中的常客，中英文化差异也逐渐引起了国人的重视。对此，我们提出了保留相同的部分、淡化不相容部分的方式来促进两国的交流。这一点表现在翻译中，就是既尊重对方文化，又保留本民族个性，正确处理两者文化差异，翻译符合两国文化的作品。

一、通过对文学体裁的分析，正确处理文化差异

不同体裁的英语翻译有不同的特点及表现形式，我们在翻译时要注意这种差异并根据个体差异选择合适的翻译手法。由于中英在写作手法上会有所差异，因此我们在正式翻译前应该先对异国的写作文化有所了解，再正式开始，力求最大限度地尊重原作者的写作思想，提高翻译质量。

英语文学体裁主要有小说、诗歌、散文、科技应用文。就小说、诗歌、散文来说，它们是包含作者个人思想较浓烈的一类作品，一般和作者所处的国家历史时代背景、文化信仰以及个人遭遇有很大关系，这就意味着此类作品包含的文化背景量较大。这要求翻译者在对此类读物的翻译中，要对作者所处时代有一个大概的了解，并在揣摩作者个人情怀的基础上进行翻译，尽量将作者所要表达的思想用中文表达出来，在尊重原文的基础上，使文章能被中国人所接受，提高文章的可读性。

在科技应用文方面，我们应该把握以下重点：第一，在对原文进行理解分析的时候，要先找出对英国的文化描述；第二，结合中国相应文化，与之进行比较，

分析其不同；第三，在理解对方文化差异的基础上，运用相应的中文语言环境加以描述，使之符合中国人的阅读习惯。相比于前面的诗歌、散文翻译而言，科技应用文中所涉及的文化背景较少，相应的翻译难度会下降很多，因此，我们在对它的翻译中可以更侧重于对专业词汇的准确把握上，以此来保证翻译质量。

英语翻译简单来讲就是将英语读物换成中文表达出来，可以让中国人理解。看似简单，真正想要做好却不容易。因为中英文化存在较大差异，所以我们在翻译过程中，不能死守单词的固定翻译，而是要灵活运用语言，使双方文化处于动态对等中，使文章表达更符合双方文化环境。

动态对等，即指在翻译具有较强本土文化思想的内容时，不必遵循死板的直译原则，而是根据双方的具体语言文化不同，灵活地将对方文化转化成中国人可以理解的语言文字，这样，就可以避免直译带来的"不知所云"的情况了。比如中文中耳熟能详的"众人拾柴火焰高"，若直译，可能连中国人自己也会觉得好笑，如果考虑美国人的文化，翻成"Many handsm ake light work"，这样，对双方的民众来说，就好理解多了。不同的语言风俗的形成有其特有的历史，我们可能不会理解它，但必须尊重这种差异，只有这样，才更有利于双方文化的交流。比如在"胆小如鼠"的翻译中，中译英是"as timid as a rabit"，在中国人的认知中，老鼠总是畏畏缩缩、躲躲藏藏的，想起来就觉得很窝囊，所以用它指代胆小的人，而在美国的文化中，兔子才是胆小的代名词，这就是文化的差异，为什么呢？笔者认为可能是美国有太多的长耳兔的关系，就好像我国早些年每家都会有老鼠。当然，这是说笑了。"动态对等"可以从四个方面来说：①词汇对等；②句法对等；③篇章对等；④文体对等。这几个方面是确定翻译质量的关键。

① 词汇对等，这里侧重指英语单个单词的意思要一个个翻译出来，不能偷漏单词，造成意思的不完整，保证文章意思的准确性，提高翻译质量。

② 句法对等，这里不同于上面的单词直译，指可以用直译或者意译的方法，完整地表达出句子的意思，并保证中英文同一个句子所使用的句式有同样的作用。

③ 篇章对等，指翻译过程中，要按照原文顺序进行翻译，不能自行改变篇章前后顺序，保证中英文读本一一对应。

④ 文体对等，就是说在翻译时要使翻译后的读本和原文保持相同的体裁，比如小说不能翻译成散文，要还是小说。

在英语翻译中，会运用很多理念，这其中，异化和归元运用得相对较多。异化，在英语翻译理念中表现为对翻译原文内容最大限度地保留。其核心是把原作的本土文化作为最终的归宿，在这种理念下的佼佼者是来自美国的翻译家劳伦斯·韦努蒂。举例来说明这种理念，借用中国的经典作品《红楼梦》，它在被翻译成英译本的时候，大量运用了异化理论，使翻译本充满了浓浓的中国风。比如文中的"真是天有不测风云，人有旦夕祸福"，在英语中是这样翻译的："Truly, storms gather without warning in nature, andbad luck befalls men overnight."

不同于异化理念，归化理念旨在将翻译本最大限度地靠向翻译方，其核心以最终译文的文化背景为着落点，重点考虑怎样翻译才能更为读者所了解。这一理论的运用，会使翻译的作品更加适合读者理解。不管是异化还是归化，我们都要做到尊重原著文化背景，在合适的方向上加以人工润色，不能改变作者的思想内容。只有这样，翻译出来的作品才更具可读性。

在实际翻译过程中，我们时常会有这样的矛盾：直译原著还是加以自己的理解再加工呢？这其实是要考虑实际的翻译体裁的，比如科技应用文，本来文化背景就少，大多是对专业问题的描述，一般不会有需要自我创造的地方。而诗歌小说作品，就相当于中国的古诗，是包含了作者强烈个人情感的，在文中出现的很多物像本身没有多大具体意思，只是用来表达作者某一情绪的媒介，因此，在翻译过程中，我们就要结合本国文化背景，将文中物像转换成符合我国文化背景的事物或者思想情感，这样的改变会使文章摆脱枯燥的文字翻译，将文章的内在灵魂表现出来，使文章更有韵味。这种创新的翻译思想，会使文章的翻译更符合原文思想。

创造性的叛逆手段在英语的翻译中占据重要地位，其精髓是在原文翻译的基础上，跳出单纯的字词直译，根据实际情况加以自我的再创造，使文章在转化成另一种语言后其内容仍然饱满充实，充满生命力，吸引读者去阅读。对这一手法的正确使用，会使文章中文化差异影响更少，原作者的思想精髓表达得更完善，作品质量更高。

英语翻译失败的一大杀手就是对文化差异处理失当。因此，我们在翻译中应该重视文化差异，在了解翻译作品的文化背景后准确翻译作品，提高翻译作品的可读性，保证翻译质量。

所谓"文化"并无准确的定义，这里我们以翻译学中的文化界定为准，将"文化"这一概念界定为"以某种语言作为团体表达方式的社会群体所具有的独特的生活方式及社会现象"。文化的本质特征得到了统一的认知，笔者将进行概述。文化具有非遗传特性，是伴随着社会发展而形成的；文化具有非个体性，是某一社会团体所共有的；文化具有明显的象征性，其中语言为文化的重要象征，是文化传播与体现的具体形式；文化具有典型的整体性，文化构成的各个环节均紧密相连缺一不可。关于文化的分类，也是什么说法都有，这里我们同样引用翻译学中对于文化类型的分类，将文化分为主文化（主导价值观等）和亚文化（副文化、内部文化），翻译学家曾指出文学作品的优质翻译离不开对四种亚文化的良好认知，它们分别为语言文化、社会文化、物质文化和生态文化。

"文化差异"是指在差异性的社会发展模式与生态环境下特定群体的人们所形

成的包括语言交流、人生信仰、思维方式、风俗道德等方面上的差异，其最为直观的表现形式即对同一事物或现象的理解与阐述不同，进而造成交流上的障碍。这里我们对基于翻译学的两种文化所存在的不同情况进行一个详细阐述，这是进行英文文学作品翻译，实现不同语言、文化之间有效沟通的基础。其一是文化相含关系，即两种文化的内涵呈现一方文化内涵包含于另一方文化内涵，或者两种文化内涵之间存在交集的情况。其二是文化相斥关系，即两种文化针对同一表达形式所具有的深层内涵出现不同甚至完全相悖的情况。其三是文化相缺关系，即两种文化都各自具有自己特有的文化组成部分，相对其他文化则是此部分的空白。

语言是文化的组成部分之一，是文化得以传承的必要手段，同时也是文化的重要表现形式，差异性的文化背景形成了不同文化中特有的词汇表达，也赋予了某些特定事物独特的精神含义，中国的"龙"代表吉祥、风调雨顺，而西方的"龙"则代表暴力与忤逆。不同民族的人们在语言交流过程中可否实现有效的沟通，语句本身的准确把握是基础，对语句背后深刻的文化底蕴的理解是关键。翻译则是不同民族、国家之间人们进行有效的语言、文化沟通的桥梁，翻译与语言和文化都有密不可分的关系，优秀的译者必须既熟练掌握源语言和目标语言，又充分理解两种语言的文化。翻译的深层目标是最大限度地实现源语言中蕴含的文化底蕴在目标语言中的完整表达，实现真正的交流。

所谓的"文学翻译"即以文学作品为对象而开展的翻译活动。文学作品是一种艺术创作，也是文化的重要组成部分。因此，从这个角度来说，文学翻译亦是一种艺术再创造的活动，它所实现的不仅仅是两种语言字符的等价转换，更是原作品中内涵的文化信息的传递，以带给读者欣赏的需求及愉悦感，并如原著一般带给读者思考与启迪。文学翻译的目标就是最大可能地实现源语言文化的传播，实现目标语言文化的丰富，并促进双方文化交流。只有深刻认知两种文化内涵，并对文学作品中的文化差异采取正确的处理，运用灵活的翻译策略，选择适当的翻译方式，方可实现原著作品内涵的准确传达。

二、英语文学翻译中文化差异的处理策略

文学作品中文化差异翻译处理策略的选择是一个弹性掌握的过程，主要影响因素有两个：一是翻译目的的影响，二是译本读者定位的影响。翻译目的是影响翻译策略的重要因素之一，这里我们同样以英文小说为例进行阐述。该类作品的翻译目的界定为满足一般中文读者阅读需求，并全面展现原著的所有内容。基于此目的，在翻译过程中，译者采取了异化为主、归化为辅的翻译策略，大量使用了直译加注释的翻译手法，既保证了原著原有内容的全面展现，又降低了读者阅读难度。对读者的定位，对于确定一部作品的翻译侧重点具有很好的指向作用，不同读者的审美与欣赏水平不尽相同，翻译策略不同。若一部作品的受众为对源文化具有深刻认知的较专业人士，则文化差异处理采用直译即可实现文化传播目的，但若面对普通受众，则源文化背景欠缺，这就要求译者结合自身对两种语言的熟练应用及对两种文化的把控采取弱化差异的策略，降低阅读难度。

针对英文文学作品中文化差异的处理方法不外乎"异化"与"归化"两种。所谓"异化"即以充分将原著文化内涵进行保留为原则，将目标受众带入异国文化氛围，具有充分实现文化传播目的、促进不同民族间的相互了解、激发读者阅读兴趣等诸多优点。所谓"归化"即以追求译文读起来不像译文而像目标语原创为方向，致力于通过翻译实现用固有文化价值观对作品进行理解。异化的处理方法在作品的文化差异处理中，对于文化交流的促进以及对目标语言的丰富方面具有明显的优势。但良好的翻译离不开方便目标读者阅读，迎合其阅读习惯的目的。在英文文学翻译中文化差异的处理上，通常采取"异化为主，归化为辅"的处理

方式。

本节对英文文学翻译过程中关键的五种亚文化差异的正确处理方式进行论述。

"生态文化"是指某民族在其特有的生态环境（自然、地理）中发展所形成的具有自我标志性特点、带有地域特色的语言文化特征，不同的生态文化造成了不同民族对于同一事物或者现象的不同反应。在生态文化差异的处理中，我们对于读者的接受能力要有一个弹性的掌握。对于读者通过自我联想可以理解的文化相斥部分，可采取直译的方式，保留原作中形象、生动的表达方式，直接进行翻译，这种做法会带给读者新鲜感，在潜移默化中发挥文化的渗透作用；对于作品中文化相缺部分的翻译，可采取直译加注释的方式，最大限度地保持原作特色，又通过注释采取归化处理，丰富双方文化的交流；对于原作中由于习惯所采取的比喻手法直译后目标对象难以理解的情况，可选择采取意译的方式，基于译者对于源文化的掌握将比喻含义直接进行翻译，虽降低了形象性，但确保了传递信息的准确性；对于原作中所出现的西方文化俗语等，可采取替换的翻译方法，用目标语中具有同样表达含义及表达风格的俗语进行替换；对于原作中难以向目标读者解释的表达方式，我们可以进行一定的省略，降低读者阅读难度，值得注意的是，替代和省略两种表达方式在原作文化底蕴传递作用上有一定的削减，应慎用。

"物质文化"是指在不同的历史发展中形成的以物质为表现形式的文化，如建筑、食品等，物质文化通常是以一种文化相缺的形式存在，英文文学作品中物质文化的良好传递，在某种程度上可以带给读者异国风情感受，对文化交流具有很好的效果。

对于文学作品中物质文化差异部分的翻译，大多采取直译或者直译加注释的方式，最大限度地还原原作中包含的异国特色，起到了一定的源语言民族或国家文化背景及历史的普及作用。比如对于"dueling pistol"一词的翻译，《飘》中就直接翻译为"决斗手枪",决斗这一风俗对于中国传统文化而言是陌生的,直译最大限度地还原了源语言的文化气质,带给读者不一样的阅读氛围与新奇感。而对于一些在目标读者概念中不存在的器物以及仅在某专业领域才会使用到的词汇的翻译,我们有必要对其用途进行一个注释,以便于读者更好地理解作品描述的场景。对于物质文化的翻译,由于其独特性和强烈的文化气质,很少采用意译,并无法采用替代的方式进行翻译以求实现理解上的便利。对于英语文学作品中物质文化的差异应以传播文化为基本原则。

"社会文化"是指不同的历史发展历程中所形成的不同民族独特的风俗习惯、社会形态、行为方式等。社会文化的差异往往会造成交流上的误解与无法理解,这一现象在文学作品的翻译中则表现为翻译的失误。无论是中文还是英文,都存在一词多译的情况,翻译学中曾指出词汇只有在特定的文化背景中的表达才有意义,可见作品翻译中对于社会文化差异的细致、准确的理解和把握,将直接关系到作品原意的准确传达。基于上述观点,在进行文学作品中社会文化差异部分的翻译应采用直译或者直译加注释的方式,以求规避社会文化差异带来的理解误区。同样应对读者的接受能力采取弹性的掌握,对于抽象度不高或差异性不明显的比喻方式,我们可以直接保留原文喻体,进行直译,将理解的环节留给读者;社会文化的差异多归属于文化相缺的范畴,故大多采用直译加注释的方式进行翻译,以实现如实反映原文社会文化背景,并确保读者不会因为晦涩抽象的社会文化差异而丧失阅读兴趣。如《飘》中,将原著中的"wall flower"翻译为"墙花",并注释为"舞会中没有舞伴而坐在墙边的单身女性",这样生动与准确兼顾。当作品中出现蕴含时代背景与社会文化的词汇时,译者应结合作品本身的人物、环境、场景塑造,进行归化处理。如《飘》中的"mammy"一词,若直译则是帮白人看护孩子的黑人保姆,而原著中该人物的塑造要体现的是一个忠诚且认真的老保姆,故译文中翻译为"黑妈妈",实现了社会文化差异处理与文学作品内涵的到位传递。

"语言文化",上文已有阐述,而文学作品则是语言的艺术表现形式,其对于文学作品具有重要的影响,在文学作品的翻译中,如何将人物的日常语言交流所蕴含的情绪、人物关系、谈话氛围很好地表现出来,对于成功翻译作品关系重大。这里我们以人名的翻译以及英语文学作品中常出现的黑人对白的处理进行一个举例论述。人名既是日常语言交流中的常用要素之一,又从侧面映射着不同的风俗、宗教、道德等文化信息,对其恰当翻译处理很重要。人名在中英翻译中通常采取音译的方式,但在文学作品的处理中,我们亦应结合人物之间的关系进行"见机行事"的处理,让作品译文行文更为流畅。

黑人对话也是英语文学作品中独特的组成部分,西方历史造就了黑人奴隶的存在,种族歧视导致了黑人受教育程度与白人的差异性,原著书写过程中会用一些词汇语句构成的不同来对其进行表现,现有的翻译大多采取直译,而放弃了对这一特有文化要素的控制。笔者认为,在对该情况的处理上,可采用意译方式,在充分理解原文表达意图的基础上,用目标读者语言中常用的区分方式对这种阶级差异之间的对话进行替代,使语言表达设置合理化。

我们所说的翻译,就是用译文准确地把原文的意思表述出来。虽然说起来简单,做起来却是非常不容易的。因为语言就是一种文化与社会的结晶,所以我们就要从文化和社会的角度出发去理解语言的含义。在实际的英汉翻译中,要对英汉文化的不同做出对比,掌握英汉文化的特点,遇到困难的时候要善于运用英汉文化的特点来解决,这是至关重要的。美国一位著名的翻译家认为,翻译过程中造成严重的错误通常情况下不是因为词语表达不当,而是不能理解文学作品的文化背景所导致的。由此可见,在翻译的过程中,应该对中英语言文化差异做出对比,这是英语文学翻译的主要任务和难题。

在英语文学翻译过程中,中英文化差异对译文造成了很大的影响。若文化差异不能得到恰当的处理,毫无疑问将会严重影响英语文学作品译文的质量,没有办法取得良好的翻译效果。所以我们要采取正确的方法来处理英语文学翻译过程中存在的文化差异,使英文翻译准确可信。文化的因素在文学翻译中的影响不可忽视。在不同民族相互交流的过程中,能否很好地理解对方,不单单要求他们对对方语言直译做出理解,还要他们了解对方语言中的文化内涵。只有对不同语言之间存在的文化差异做出深刻理解,才能解决语言的障碍,从而使翻译变得简单化。

实际的翻译与文学作品的文体密不可分。不一样文体的翻译作品有着不同的语言特点。只有同时熟练地了解源语与目的语两种语言的特点且对两种语言能很好地运用,才能真实翻译出英语文学作品,体现出英语文学作品本来的风格。文学作品的语言风格不一样就表示文学作品的文化内涵以及所包含的文化因素也大有区别。比如,科技文所蕴含的文化内涵以及文化因素就非常少。因此,在对科技文进行翻译的时候,就要用直译的方法,而很少去考虑它蕴含的文化因素而将其转变为目的语言。像小说、话剧等文学体裁的文化作品中,文化因素和文化内涵在翻译的过程就必须考虑。如果不考虑文章所包含的文化因素和文化内涵,翻译的作品就会变得枯燥无味,只是句子和单词组成的躯壳,失去了文章的灵魂。这样就可以看出,在对英语文学翻译的时候,通过认真分析文学的体裁,可以运用正确的办法来处理中英文化之间的差异。

在进行英语文学翻译的时候,全部的翻译都是把英语翻译成相应的汉语意思,并保证文章原本含义的完整性,这样一来英语文学作品就能完整地展现给我国的读者,我国读者就能更加全面地理解英语文学作品所要表达的意思。但是由于英语和汉语在很多方面都有不同点,文化方面的不同尤其明显,因此,在进行翻译的时候,不仅要对文化差异有深刻的了解,还要懂得运用动态对等概念正确解决文化的差异。在对英语文学进行翻译的时候，翻译的人不单单要熟练应用翻译技巧，还要充分地了解中英的文化差异，只有熟练应用翻译技巧、对中英的文化差异做出充分的了解，才能把文章比较好地翻译出来。英语翻译中的动态对等的概念就是在进行英语文学翻译的时候，要以单独的英文单词或词组为依据，翻译成与单一的英文单词或者是词组对应的汉语意思。文化差异的缘故，使英语单词在翻译的时候，若是单一地根据字面意思进行翻译时，就会造成原文与译文的意思有很大出入的现象发生，出现严重的错误。动态对等的概念主要包括四个方面，就是在英语词汇方面要对等、在语法方面要对等、在翻译的过程中文章要一一对应、译文与原文的文学体裁要相同。英语文学译文的质量就取决于这四个方面。所以我们一定要深刻理解动态对等理论，在翻译的时候使原文所蕴含的文化内容和文化内涵得以保持。

总之，不同民族之间存在的文化差异是不可避免的。在对英语文学进行翻译的时候，一定要对这种中英的文化差异高度重视，并运用正确的方法对中英文化差异的问题进行解决。在英美文学翻译中，处理文化差异的方法主要体现为归化和异化两类，在文化翻译工作中，要根据文化差异的具体情况以及当前读者对外民族文化的接受程度来对归化翻译策略和异化翻译策略进行选择，而在大多数情况下，归化翻译策略和异化翻译策略的结合能够对英美文学翻译质量起到明显的提高作用。只有从不同的角度探讨来尽量减少文化差异，掌握不同的翻译方法，对中英语言文化差异做出对比，解决英语文学翻译的主要任务和难题，才能有效处理文化差异，使翻译之后的作品更加生动有趣，从而做好英语文学的翻译工作。

英语文学翻译是文学翻译的重要组成部分，其表现形式为通过语言形式的转换，将优秀英语文学作品转换为汉语著作，是一种跨文化、跨民族、跨时空的文化交流形式，在国与国之间的文化交流发展中具有重要作用。纵观各类文学翻译作品，我们不难发现，那些能最大限度地反映著者原意且能被引入国读者认可的优秀翻译作品都有一个共同的特点，即实现了外来作品的文化内涵与本土文化的融合。换句话说，那些一流的翻译家在翻译英语文学作品时，除了运用高超的语言表达形式和灵活的语法技巧外，还充分把握了中英两种不同文化之间的分歧，理解了两种文化的内涵和差异，并在此基础上实现了外来文化的本土化。

首先，中英双方的历史背景不同。中国自古以来就是一个统一的多民族国家，因此统一性、整体性、全面性等思想深深扎根于每一个中国民众的内心，体现在文学作品中也是如此。自古至今，凡是一些流芳百世、得到人们普遍赞誉的优秀作品大抵没有脱离以上论述的种种主旨。但以英国为代表的英语国家则不同，它们长期以来就习惯了"一个民族应该独立成为一个国家"这样的思想，在政权组织形式方面更青睐于单一民族的小型国家，如以德意志民族为主的德国、以高卢人为主的法国、以斯拉夫人为主的南欧各国等。由于双方历史背景的不同，反映到具体文学创作中中英文学作品就有相当大的差距。

其次，中英双方的思维习惯不同。受不同历史传统和成长环境的影响，形成了中英双方迥然不同的思维方式和思维习惯。中国由于历史悠久，而且受中庸、含蓄的儒家文化滋润多年，使得中国人的思维方式不是直来直去的直线型思维方式。同样，这种思维方式反映到具体的文学创作中来就体现为，文学作品在刻画人物形象时注重通过语言的不同表达方式来传旨达意。而西方人则全然不同，他们的思维方式灵活且单一，喜欢直来直去的直线型思维方式，少了一些拐弯抹角，多了一些坦率。因此，在英语文学作品翻译时一定要准确把握中英双方不同的特点和文化差异，因地制宜地选取最适合表现文章主旨和著者原意的翻译方式。

一方面，就译者本身而言，妥善处理好中英之间的文化差异能够增强准确把握文学作品的能力和水平。翻译工作是实现不同文化之间交流互动的重要平台和

第四章 英语文学与语言的关系

方式,而文学又是对生活方式和生产状态的如实反映,因此,文学作品的翻译更是在双方的文化交流互动中扮演极为关键的角色。但长期以来,文化差异犹如横亘在中英双方之间的一道鸿沟,若不能将此问题妥善处理,不仅会出现词不达意、文不符实的尴尬境遇,同时也会极大地削弱著者在引入国的知名度和声誉。就翻译者而言,了解不同国家的文化背景、风土人情等则是做好文学翻译工作的前提和基础,直接关系到译作的成败,也在很大程度上决定了译者的水平和功力。

另一方面,从读者角度而言,妥善处理好中英之间的文化差异对于读者领悟著者本意、增强对作品描述国的了解也都大有裨益。众所周知,生活是文学的原型,而文学作品则是在生活基础上的升华与拔高,因此文学与生活之间总有或多或少的相关性、相似性。具体到英语文学翻译也是这样,英语文学作品中肯定带有该国特定年代、特定区域的文化背景和风土人情,再加上受到原作者自身成长经历和个人喜好不同的影响,就使得英语文学作品中蕴含的文化因素与现如今的中国文化价值取向有很大的差距,甚至在有些方面很有可能会呈现出完全对立、截然相反的情形。在这种情况下,如果译者没能如实地把握中英不同的文化氛围和价值取向,而完全按照文字本身、文学自身的特点来对英语文学作品进行翻译,那么即使所翻译的作品在文学性方面达到多么高的水平,就翻译工作而言仍旧是不合格的。因为译者没能实现两国文化的"无缝衔接",也使得读者在读到翻译过来的译本时难以对文学作品输出国的文化氛围、整体社会情形形成一个系统、完善的整体性认识,更谈不上开阔眼界和增长见识,整体而言就是一次失败的翻译。

由此可见,妥善处理好中英双方之间客观存在的文化差异,对于译者、读者等都具有不可估量的意义和作用。具体来说,要想妥善处理好英语文学翻译中的文化差异问题,需做到以下几个方面。

首先,译者在翻译英语文学作品时要善于根据不同的文学体裁形式来选择不同的翻译技巧。我们在对英语文学作品进行翻译时，首要任务便是区分不同的文学体裁，并按照各自体裁的技巧进行翻译。因为具体的翻译过程与不同的文学体裁具有密切的联系，不同的体裁类型需要选取各自不同的翻译技巧。由于中英双方之间在文化背景、价值取向等各方面存在较大差异，因此不同文学体裁所表现出来的不同的文化差异性也就大异其趣。但无论如何，我们要因地制宜地选取最能表现该种文学体裁的翻译技巧来进行翻译，保证英语文学作品翻译的质量和效果。否则，我们若是没有处理好文化的差异性，将不同种的文化混为一谈，那么译作本身会变成一堆堆由单词、符号组合构成的垃圾，不仅无助于表现原作的主旨，而且也会有辱著者的声誉。

其次，译者在翻译英语文学作品时要实现异化原则与归化原则的和谐统一。如果说，上面论述的根据不同文学作品的体裁来选取不同类型的翻译技巧是做好文学翻译工作的前提和基础，那么实现异化原则与归化原则的和谐统一则是实现英语文学作品顺利翻译的关键和核心，在整个翻译过程中居于首要地位，应引起我们的高度重视和充分关注。因为文学实质上是对文化的反映，同样道理，文学作品的翻译表面看似是不同语言之间的转换，实则是不同文化之间的转换，那么文学作品的翻译同样也就要遵循文化转换的相关原则和规定。

翻译中的异化原则和归化原则最早是由德国哲学家、翻译学家施莱尔马赫在其论文《论翻译的方法》中提出来的，翻译的途径只有两种：一种是译者尽可能让作者安居不动，而引导读者去接近作者；另一种是译者尽可能让读者安居不动，而引导作者去接近读者。后来的学者，根据这一相关理论分别将两种方法归结为异化法和归化法。根据相关的定义和各自特点，我们不难发现，所谓"异化法"强调了引入国语言的中心地位，即抱着民族中心主义的观点来使外来语言尽可能与本民族语言保持统一；而"归化法"则恰恰与之相反，该方法强调的是输出国语言的中心地位，将外来语言摆在一个中心位置，然后本国语言围绕外来语言进行调整和变化，使得本民族语言尽可能与外来语言保持一致。总体来看，两种方法并没有孰优孰劣的区分，关键的是在具体的翻译过程中要因地制宜地选择，根据实际的翻译需求来选取恰当、灵活的翻译方法，以此来最大限度地消解文化差异带来的负面影响。

最后，译者在翻译英语文学作品时要遵循动态对等的原则。该原则旨在为目的语和源语之间的转换制定一个标准，从而减少文化差异的存在。在动态对等理论中，该原则的创始人奈达对翻译做出了明确定位：翻译是词汇的文体、风格、语义以及意义上的对等，翻译所传达的信息包括文化信息和表层词汇信息。译者在进行文学翻译的过程中，必须结合动态对等中的四项基本内容，找到翻译的原则，从而在目的语中完美地表现源语中的文化内涵。然而，不一样的语言代表不一样的文化，也许文化之间会存在相似之处，但是不会完全一样。因此，要想在译文中完美地展示出原文的文化内涵是不太可能的，译者只能尽可能地体现源语文化。

当今时代，作为一门世界通用的语言，英语已经成了我国对外交流过程中较为常用的一种重要语言。在经济发展的刺激下，我国文化与以英语文化为代表的西方文化之间的交流呈现出了一种日益密切的趋势。在中西方文化交流的过程中，一些文化差异通过文化交往的不同方式展现了出来，在这样的情况下我们需要用一种求同存异的方法来解决这样的问题，在翻译工作中，我们也应该运用一种求同存异的方式来处理文化差异，因此我们有必要对英语文学中文化差异处理的技巧进行探究。

地域生活习惯的不同。中英文之间的文化差异的产生在一定程度上受到了中西方国家不同地域和不同生活习惯的影响。我们先从地域文化方面的差异入手来讨论汉语和英语之间的文化差异。英语文学所属的国家大多数位于西半球，由于受到温带海洋性气候的影响，西风的到来在西半球地区会被认为是春天来临的象征。因此，在一些西方国家，人们往往用西风来歌颂一些美好的事物。以英国诗人雪莱的作品为例，雪莱的《西风颂》让西风成了革命力量的象征，通过对西风的描绘来展现大众对光明未来的信心和希望。但是在中国，由于受到季风性气候的影响，西风的出现往往预示着冬天的到来，因而提到西风一词，人们脑海中往往会浮现出一种凄凉肃杀的景象。中国古代诗词曲中的"昨夜西风凋碧树""古道西风瘦马，夕阳西下，断肠人在天涯"等语句都可以表现出一种凄凉的景象。

除了地域生活习惯不同以外，生活习惯的差异也是造成文化差异现象出现的又一原因。以生活中人们经常食用的主食为例，东西方之间对主食的理解也存在着一定的差异。东方主要把稻米当成生活中的主食，而西方国家则是把面包当成生活中的主食，这种生活习惯的不同就会带来一定的文化差异。以"巧妇难为无米之炊"这句话为例，西方人在翻译这句话的时候用面包一词来替换"米"，就是西方翻译者对文化差异适当化处理的一种体现。

思维差异的影响。中国文化与英语文化之间的差异也在一定程度上受到了思维差异的影响。东方人在思考问题的过程中往往注重的是形象思维，而西方人则习惯性采用逻辑思维和抽象思维来处理问题。

从文学体裁入手对文化差异进行处理。在英语文学的翻译过程中，文学体裁的问题是我们经常要面对的。不论是中国文学还是西方文学，不同的文学体裁都有着不同的表达方式，这就要求我们在对英语文学的翻译过程中对不同文学体裁的样式有深刻的了解。也就是说，在从事英语文学翻译工作之前，我们应该对不同文学体裁的不同特点进行归纳概括。英语文学作品的体裁主要包括小说、诗歌、散文和科技应用文等多种形式。在这些文学体裁之中，小说诗歌和散文是作者通过独立创作而完成的作品。我们在翻译这些作品的时候就会发现，这类作品往往包含有较多的文化元素。因此，在翻译小说、散文等西方文学作品的过程中，我们需要对作品的文化背景进行充分的了解，要知道这些作品是在什么样的背景之下创作出来的，在了解作品文化背景的基础上，我们还要对作者的个人背景进行了解。只有对作品的文化背景和作者的个人背景进行全面系统的了解，我们才可以对这些文学作品产生正确的理解，只有这样才能在翻译文学作品的过程中将作品所要表达的中心思想准确地表达出来。在文本翻译的具体操作过程中，我们要从作品的文化背景入手，根据文中的语言运用情景来对中英文化之间的差异进行掌控，进而通过文字调整使文章符合汉语的阅读习惯，让英文作品易于被中国读者所接受。在翻译科技应用文的时候，我们首先应该对科技应用文的叙述重点进行分析。在分析文章叙述重点的过程中对包含异域文化元素以及存在文化背景的地方进行初步了解，在找到这些难以处理的地方以后，翻译者要对这些文化元素和中文语境中相关的文化元素进行比对，然后根据中文阅读的习惯对这些内容进行翻译。由于作者在撰写科技应用文的过程中运用了大量的专业术语，因此，翻译者在翻译过程中就应该对于文章所述内容相关的资料进行认真查阅，以保证作品的准确性。

运用动态对等的原则对文化差异进行处理。动态对等原则主要指的是翻译者在文章翻译过程中要根据英文单词及词组的意思，用与之相近的中文词汇来对英文单词的字面意思进行表述的翻译方法。在翻译英语文章的过程中，如果翻译者严格按照英文单词的字面意思来翻译文章的话，就会让读者在阅读译本的过程中无法对作品内容进行准确的把握。因此，一些有经验的翻译者在翻译英文文章的过程中会采用动态对等的方式来对文章进行翻译。

在英语文学作品的翻译过程中，对文化差异的正确处理，可以让作者充分理解原作品的文化精髓。翻译工作者在日常工作中应该对处理中英文之间文化差异的重要性有着清醒的认识，只有这样才能确保英文翻译的有效性和准确性。

在学习英语文学翻译内涵之前，先了解翻译这一基本概念。所谓翻译，就是原文在译文的辅助下进行意思阐述。所谓英语文学翻译，就是英语文学作品在汉语的辅助下进行意思表达。虽然内涵讲解简单，但在实际的翻译操作中就会问题百出。由于语言具有文化性和社会性，因而我们在翻译时就要以文化和社会为出发点去进行意思表达。在英语文学翻译的过程中，翻译工作者要对中外文化进行具体分析，在掌握二者差异性的基础上，利用英汉的文化特点对翻译中遇到的问题予以解决，尽可能地保证译文和原文基本内涵的一致性，进而翻译出优秀的英语文学作品。

从英语文学翻译的含义就可以看出，英语文学作品的翻译过程比较复杂。中国和外国在语言文化方面的差异较多，如果对两国的文化特点及差异了解得不够全面，那么在英语文学翻译的过程中就会阻碍重重，并且会导致文化释义错误现象发生，进而影响学习者的学习效果。由此可见，在英语文学作品翻译中正确处理文化差异具有重要的现实意义。所以，翻译工作者在进行英语文学翻译的时候，要掌握正确的方法解决文化差异问题，提高英语文学作品的翻译质量。翻译工作者理解对方语言的直接意义这往往不够，除此之外，还需要翻译工作者深入地了解对方语言中所蕴含的文化内涵。当对不同语言间的文化差异深刻理解之后，才能突破翻译中遇到的阻碍，进而将复杂的问题简单化。

为了更好地翻译英语文学作品，翻译工作者要对源语言和目的语言的语言特点进行认真分析，因为不同语言风格的文学作品其蕴含的文化因素和文化内涵也不尽相同。不同语言风格的文学作品有不同的语言特点，只有熟练把握两种语言特点，才能提高翻译作品的真实性。在翻译话剧和小说这类文学性文章时，翻译工作者就要充分地考虑其内在的文化因素和文化内涵。如果仍然按照科技文的方法进行翻译，那么翻译后的文学作品就会变成单词的简单累积，缺乏内在的知识魅力，读者学习的时候也会降低阅读兴趣，觉得索然无味。由此可见，在翻译英语文学作品的时候，一定要考虑文学作品的语言风格，发掘内在的文化差异，进而采取针对性的办法处理文化差异。

因为汉语和英语之间的不同点较多，尤其在文化方面最为显著，所以翻译工作者在进行英语文学翻译的时候，要善于运用动态对等定义对文化差异进行解决。英语文学作品翻译是用汉语意思将英语作品完整表达，因此翻译工作者在对英语文学作品进行翻译时，要在了解文化差异的前提下掌握翻译技巧，进而提高翻译的准确率，使读者阅读到完整的英语文学作品，加强读者对英语文学作品的理解。动态对等指的是在进行英语文学翻译的时候，不仅将单词、词组进行对等的汉语翻译，而且将语法也进行对等翻译，并且保持语言风格、文体特征的对等，词汇、语法、文章和文学体裁四方面是翻译时需要注意的关键部分。因此，翻译者要全面理解动态对等定义，运用此方法翻译英语文学作品时，保证翻译前后作品风格和文化内涵的一致性。

翻译者在翻译英语文学作品的时候，经常会面临这样的问题困扰，即在翻译英语作品的时候，翻译者不知道是直接根据单词和词组进行翻译，还是在英语作品翻译时加入自己创造性的见解。面对这样的问题时，要根据所翻译作品的体裁来决定。当翻译科技应用类文章时，直接翻译就可以，但在翻译的过程中，务必落实单词及相关术语的准确度。当翻译英语诗歌、小说或者英语散文的时候，因为作品中蕴含着较丰富的文学内涵和文学思想，所以翻译时需要翻译者运用创造性叛逆的手法参与英语作品翻译。如果根据科技应用文的翻译方法去直译，那么翻译后的英语作品就会失去对读者的吸引力，读者在阅读的过程中也不能体会到原著的文化精髓。创造性叛逆手段是英语作品翻译的重要方法，即翻译工作者在翻译英语作品时，在确保单词、词组准确的前提下，融入翻译者的理解和创造，进而使所翻译的英语文学作品富有新意，从而对文化差异进行巧妙处理，翻译出具有创造力的英语文学作品。

综上所述，中外两国的文化差异不可避免，因此，在翻译英语文学作品时，只有处理好二者间的文化差异，才能翻译出优秀的英语文学作品。在翻译英语文学作品的过程中，采用具体可行的方法消除文化差异，能够提高英语文学作品的翻译质量和效率，培养读者的知识文化素养，推动英语文学作品翻译工作的顺利进行。

风俗文化主要指的是各个民族在长期的杂居条件下，在与经济的全面融合中，形成的一种独特的文化现象。因为各个民族与国家之间都有着不同的风俗文化，所以也就形成了各自不同的风俗习惯。风俗习惯引起中西方的文化差异，文化差异必然引起在翻译领域的巨大差异。例如："红"字在中国传统历史中，具有深刻的内涵和意义，但是在与之相对应的西方文化中，"红"仅仅代表着一种颜色，并没有任何丰富的社会含义。同样的字眼，仅仅只因为处在了不同的文化背景之下，就造成意思理解的不同。因此，我们在进行文学作品的翻译时，如果仅仅只是针对字面含义进行翻译，就很容易造成歧义，甚至在某种情况下出现意思相反的情况。在进行翻译的时候，一定要采用正确的做法，首先翻译文字的引申含义，继而人们才能进一步了解到文字在不同的历史背景下的真正含义。在《红楼梦》翻译成英语的过程中，就在最大限度地保留中文的元素。如"天有不测风云，人有旦夕祸福"可以翻译成"Truly, storms gather without warming in nature, and bad luck befalls men overnight"。在这句话的翻译过程中，最大限度地保留了中文的含义、浓厚的中文文化氛围，代表着中国的风俗文化。

价值观主要反映着一个人对客观事物的总体评价，因此，在不同的历史背景下，由于受到社会环境的限制，因而人们的价值观都不相同。价值观的显著差异，能导致同样一个词语，如果仅仅只是按照原意进行翻译，就造成虽然文字相同，但是含义却并不相同的情境，情况严重的时候，还能出现意思完全相反的状况，就会造成沟通与理解的严重阻碍。因此，在英语文学作品翻译的过程中，一定要全面充分地了解中西方文化中不同的价值观，才能进一步把西方文学中需要表达的具体引申含义完整地表达出来，才能全面地反映出一篇文学作品中真实的思想内涵。

在中西方文化中，思维方式与一个国家的文化密切相连，同时，思维方式也是沟通语言与文化的一种重要渠道。因为思维方式的不同能导致中西方文化出现明显的差异，这种差异性存在于文化发展的各个领域，并且具有相当深远的影响。中国人主要擅长辩证法这种思维方式，但是在西方人的观念里，更注重逻辑思维能力。因此，中西方思维方式的显著差异在文学作品的翻译中，表现得也各不相同。在西方逻辑思维的影响下，西方主要是以民族性强的语言为中心，汉语则是以动词为语言的核心，强调文章整体的完整性与协调性。

三、如何翻译英语文学作品

在英语文学的翻译过程中，通常情况下会遇到各种不同风格的文学体裁。只有了解各种体裁的样式与特点之后，才能进一步根据文学体裁的不同，采取不同的翻译方式，进行英语的翻译。

首先，在翻译某一类文学体裁的时候，应该充分了解到这类文学体裁的文化背景以及作者个人的创作背景，在了解的基础上进行翻译与研究，有利于英语作品的翻译者们加深对英语文学作品的理解程度，同时还能准确无误地表达出英语作品的意义。在进行翻译的初级阶段，先分析文学作品中的文化背景，再接着比较文化背景与个人背景之间的差异。在进行文化之间差异的比较过程中，一定要在忠于原文的基础上，进一步地理解透彻汉语的阅读习惯。接着对文字进行梳理，让读者群体真正地明白文字要传达的真正含义，并且要与相关的文化背景结合起来，才能增加文学作品的艺术性特征与文学性特征。最后，还要考虑到不同文学作品的风格特征：在翻译科技应用文之前，一定要注意这类文章与小说和散文都不相同。因此，在翻译的过程中，要仔细分析作品中呈现的重点内容，找出这些重点内容要表达的主要含义以及重点文字背后的文化含义，接着分析其在中文语境中的含义，翻译者们一定要按照中文的习惯来进一步处理好科技应用文之中的翻译问题。只有这样，才能进一步地确保英语文学作品的翻译能够更加的完整与规范。

前文中已经提到过，在翻译英语文学作品的时候，是直接对文学作品中的单词词组进行组合翻译，还是先要在了解英语文学作品的基础上，对英语文学作品的译文再进行延伸和创造。这些情况并不是一概而论的，针对英语文学作品的不同体裁，具体的使用方法也不一样。针对科技应用文这种文学体裁进行翻译的时候，因为科技应用文本身追求的就是语言要准确、科学、合理，翻译者们在翻译这类文章的时候，仅仅需要做到语言准确、科学与合理就是最大的成功，因此一定要注意，就在文章的字面意义上直接进行翻译，确保文章中的科技术语使用规范与准确，并不需要在文章的基础上进行进一步的再创造过程。但是在翻译文学性强的作品的时候，就要有区别的对待。文学性强的作品，不仅仅要求能够直接翻译文章中的单词和词组，同时还更需要进一步地了解文章的写作背景、文章中所包括的深刻的文化内涵。面对这种情况，一定要在原作品的基础上进行创造性翻译，这样才能展现出原作品的深刻魅力，使文章的译文更加灵活自如、可读性更强，读者通过译文的翻译，也能进一步地充分了解到原作品中所包含的深刻的文化底蕴。张谷若先生在翻译哈代的《德伯家的苔丝》的时候，为了向读者们表达清楚原文中的文化知识，以加强读者对原文的理解，采用了直译的方法，同时在脚注介绍了基督教的基础知识和英国人的风俗文化，帮助本来不熟悉英国文化的读者们更好地理解原来作品中的含义，这种新颖的具有创造性的手法帮助读者有效地理解原文的含义。

在对英语文学作品进行翻译的时候，首先是把英文单词翻译成中文词组，保持文学作品的意思不改变，如果能把英语文学作品中的内容，全部翻译成读者们都能明白的中文含义呈现在读者面前，中文读者在阅读英语文学作品的时候，通过阅读英语的译文，就能全面地理解英语文学作品中具体要表达的含义。为了达到这一最终目的，一定不能忽视语言中存在的各种文化差异，处理好文学作品中的文化差异，就一定要善于利用动态对等的文化概念，处理好中西方的文化差异，才能使英语文学作品的内容与原文之间的含义更加贴切。英语文学作品中的动态对等主要指的是，翻译者们根据英文单词或者词组的含义，把单词翻译成中文。但是英语的词汇与语法，本身就与中文有区别。除去语法之外的文化背景，也不尽相同。因此，翻译者们如果只是从字面的含义来翻译文学作品，读者们不一定能够理解透彻文章的含义，甚至还会出现，因为内容的过于肤浅扭曲了文学作品中要表达的真实含义。例如，在翻译"众人拾柴火焰高"这句话的时候，具有一定经验的翻译者们并不会直接翻译每个词语的字面意思，而是透过现象看本质，翻译这些字词的实际含义。因此，这句话应该翻译成"many hands make light work"，这句翻译就在原文翻译的基础上，充分考虑英语的阅读习惯，使大部分英文读者都能够更加容易理解这句话的真实含义。

文学作品是国家文化的表现形式，要想更全面地翻译好英语文学作品，就一定要深刻了解中国与西方的文化属性。在充分了解文化背景的基础上，更好地处理好文化之间的差异性，完成一篇好的翻译作品。同样，对英语文学作品翻译的过程也是更清楚地了解中西方语言与文化的过程。由于翻译过程是一种综合性的文化活动，因而在对文学作品进行翻译的过程中，首先要掌握好语言的特点，深入了解各个国家不同的文化背景。只有在了解了文化背景的前提下，才能在翻译过程中不断提高自身的文化修养，促进中西方文化的全面融合。

第三节 英语文学作品中的修辞运用

每个文学创作者都具有不同于他人的文体语言和修辞风格，成熟的文学家都不会仅掌握单一的文体风格，且能够在多样化的修辞手法之间游刃有余，根据修辞及文体语境的需要选择最合适的一种方式或手段。当然文学修辞者的风格无论如何变化，有经验的读者还是可以一眼分辨出其中不变的风采。

语言中表示比喻用法的常用术语即 trope，是指为了修辞的目的而通过比喻的渠道来使用语言。例如：

Friends, Romans and Countrymen, lend me your ears.（朋友们，罗马人，同胞们，请注意听我说。）

这句话摘自莎士比亚的《裘力斯恺撒》中马克·安东尼的演讲。这里的 lend me your ears（把你的耳朵借给我）即为达到修辞目的所使用的一个比喻，制造出比直接按照原意表达（如 listen to me for a moment）更好的效果。读者不能只根据字面含义将句子解释为希望借用观众"血肉的耳朵"，而应理解成寻求注意力的修辞手法。比喻在文学语言中频繁出现，而且采取了各种各样的形式。

明喻（Simile）是将一种事物比作另一种事物，并通过展现两者如何相似来解释此种事物样貌如何的修辞方法，它用 as 或 like（好像、好似）等词语在文本中作为明确的标志。暗喻（Metaphor）也是将一种事物的特性转移至另一种事物的过程，但在形式上与明喻存在差异，即并不出现比喻词。暗喻对比两个并不相似的成分，但这种对比是隐含而非直接表达出来的，因为它并不给出明确的比喻信号，所以更加难以辨认，气势更为有力。

转喻（Metonymy）意味着名称的变化，比如在以下 J.Shirley 的诗行中，运用了四次转喻：

There is no amour against fate;

Death lays his icy hand on kings;

Sceptre and Crown

Must tumble down

And in the dust be equal made

With the poor crooked Scythe and Spade.

在诗中，sceptre（王杖）与 crown（王冠）分别代表国王和王后，scythe（镰刀）与 spade（铲子）则各自代表普通农民与工人。

提喻（Synecdoche）属于更深层次的比喻语言，通常被视为转喻的一种，指用事物一部分的名称来指代整个事物，反之亦可。总体而言，语言的比喻用法使被描述的概念更加通俗易懂，易于读者接受。读者关于世界所感知的图像，消除了不确定性与模糊性，人们对世界的诸多认识都可用语言的比喻用法塑造出来。

文学作品的分析能够借助多种渠道进行，根据作品分析与鉴赏的类型和目的，可使用固定的程序分析文本的语法结构与语言意义。

诗歌的韵律是大家都很熟悉的概念，正是韵律定义了诗歌，可分为头韵、尾韵、反韵、押副部，等等。诗歌可以表现出人们说话时怎样使用重音来表现节奏，当重音被组织为有规律的节奏时就形成了韵律。传统诗歌的韵律需要计算每一行诗的音节数目,如类似莎士比亚著名诗歌中的诗句,具有十分特殊且受欢迎的形式,即抑扬格五音步诗(pentameter)。不同时代有不同的语音与韵律模式,并作为构建诗歌的方式为人们所接受,如 Words Worth 善用的对仗句(Couplets)、Robert Browning 常用的无韵诗(Blank verse),莎翁的十四行诗(sonnet)、自由体诗(free verse)等。语音与韵律在诗歌中的功能包括追求审美趣味,适应传统的诗歌风格及形式,表情达意或革新形式,展示专业技巧以寻求精神满足感等。

小说语言需要关注叙述者(narrator)和图式语言(Schema-oriented Language),已知信息和新信息以及指称、注重言语及直接、间接自由思维的表达。例如,意识流写作(Stream of Consciousness)试图刺激读者随文学家的思维一起驰骋想象。散文的文本风格因为主题、描述对象与写作目的的差异,应当重点关注其语言选择如何帮助文本建构意义,而非作者的世界观模式,考察文本风格应当注意同意义有内在联系并对读者产生心理影响的语言层面选择。戏剧语言通常更关注静态的剧本文本而不是舞台表演,戏剧间的台词分析有助于研究戏剧语言,分析摘录的戏剧文本,包括剧中角色与情节、叙述性声音,根据其称得上是体裁的特征,更加注重语言的交流表达和沟通会话,这是剧中人物相互关系建立与发展的基本方式,理解交谈或交际的话语分析技巧,欣赏剧本的会话效果和描写人物言语方式的手段。

文学文体与修辞风格的鉴赏对于英语文学和语言学的学习来讲具有重要的意义,有利于关注使用语言学工具来分析与阐释文学语言,可以帮助我们更好地认识文学作品的结构及语言选择过程。

英语文学作品中幽默修辞的应用能帮助作者更准确地表达其内心情感及其对现实世界的认识,大大提高英语文学作品的文化内涵和特色,给读者以更佳的阅读体验和英语文学美感。通过这些修辞手法的运用,读者也可以更深入地理解作者，与作者进行内心交流。对于英语学习者而言，要想学好英语，就应当对西方文化有所了解，在日常的学习生活中加强对英语文学作品中幽默手法的应用。

一、英语修辞手法

（一）拟人

拟人手法就是将非人类生物或者无生命的物质当作人来看待，赋予其生命和思想，让它们跟人一样拥有情感，可以通过语言来表达自己，帮助读者与它们进行"对话"，提高语言的感染力和生动性。通过拟人修辞手法，读者能够更加清晰和形象地理解物质的特点，更加直观地感知到文学作品中的各类物质形象。比如，She may have tens of thousand of babies in one summer，此处将蜂王拟人为具有生育能力的女性。拟人手法对于英语文学作品来说起到了幽默的效果，其生动的表现可以让幽默这种修辞手法更好地发挥作用。

（二）反语

反语手法就是作者故意用相反的意思来表达内心真实的想法，或者是对社会现象进行讽刺与赞扬，特别是反讽，这种方法比正面阐述的表达效果更理想。通过顽皮的语言或者幽默的善意谎言来增强语言的丰富性和表现性。比如，It would be a fine thing indeed not knowing what time it was in the morning, you can have a good dream. 该语句想要表达的是应当要有明确的时间观念，而语言中却说没有时间观念是"a fine thing"。反语的表现往往可以起到讽刺的效果，其对于幽默的表现能够起到重要的推动作用，让人们通过其修辞手法的应用感受幽默背后的深刻内涵，对于提升英语文学的幽默效果起到非常显著的作用。

（三）移就

移就是将同一种描述运用到两个或者多个不同的或不相关的事物当中。从逻辑思维角度来讲，该手法违反了语言规则，造成事物与描述之间的不匹配，但是根据实际的语境来讲，移就的语句所表达出来的艺术效果更加明显。比如，I was very amazed to find her living in such drab and cheerless surroundings. 本句中的 cheerless 原本是形容人类情感，但是在此处却形容周围的事物与环境，因此更生动形象地渲染了气氛。移就这种修辞手法在我国的文学作品中并不多见，这也是很多时候我们无法准确理解英语文学幽默的原因所在。事实上，英语文学中正是因为移就这种修辞手法的应用才让幽默的效果呈现得更好。

（四）双关

学习过中文语法的人都知道一语双关，也就是一句话影射两种含义。在英文语言中，双关手法也是通过一句话或一个英语词汇就表达出两种意思或展现两种场景，丰富了英语文学作品的内涵和深度，要求读者能够沉下心来细致琢磨。双关在英语口语中的含义相差较远，但是发音相近的成语组成的"谐音双关"也十分常见。比如，Seven days without water makes one weak. 该句中"weak"谐音"week"，因为七天又正好是一周，所以英文语言表达很巧妙。而另外一种同义词的双关也十分常用，比如，Women have a wonderful sense of right and wrong when shopping, but little sense of right and left. 女士在购物时能够对好坏分辨度极高，而对左右方向感觉麻木，在这里幽默地讽刺女性在开车时方向感差，左右不分。巧妙地利用双关这种幽默方式，比较容易地引起读者的共鸣。

（五）夸张

夸张手法在英语文学作品和中文文章中都十分普遍。一般来讲，夸张是为了更好地凸显人物形象或者突出强调现实情况的严重性，以博得读者的关注。夸张手法营造紧张的氛围和增加故事情节及人物发展的悬念，极具艺术效果地展现了作者所想表达的东西。但是夸张并不是盲目地编造谎言和欺骗读者，而是对实际情况加以修饰或者在写实的基础上再"添油加醋"，从而激发读者的联想与对事物发展的关注，给读者以心灵的震撼。比如，谚语"One false step will make a great difference.（失之毫厘，谬以千里）"就是运用夸张的手法强调了细节对事物发展的重要性，启迪读者应当认真、细致、有理有据地进行各项工作。总之，夸张的手法只有应用适当，才能起到幽默的效果。

二、英语幽默常用的表现形式

不论是何种辞格，其统一的特点就是不合乎语言规范。在英语文学作品中，作者为了营造更加形象的环境氛围和故事场景，故意违背语言规范，运用更加形象生动的、易于接受和激发读者联想的方式进行幽默设计，以提高文学幽默性。首先，可以通过创设语境来"一语双关"。比如，Customer: Have you got any chicken's legs? Waiter: No, sir, I always walk this way!（不，先生，我一直是这样走路的呀！）就让人感觉十分搞笑。客人本意是想询问服务生有没有鸡腿这个菜，服务生却误以为客人是说他走路的姿势像鸡一样，还以为在嘲笑他长的是鸡腿，赶紧说了一句我平时走路就是这样。这个对话形象地展现了双方沟通的误差，"chicken's legs"一语双关，让人忍俊不禁。这种修辞手法的应用便是对双关修辞的应用，其在适当的环境中不仅可以达到出人意料、一语惊人的幽默效果，也能够引起读者的高度认可。其次，运用突降法。突降法的辞格方式是通过对语义的分析，按照自强至弱的顺序排序，该语句字字逼人，让读者层层感知语义的讽刺性，从而引起思想上的共鸣。一般来讲，越到后面讽刺意味越浓，而且前后对比明显，十分不协调与可笑。比如，Go not for every to the physician, for every quarrel to the lawyer, nor for every hot to the icehouse. 突降法的幽默修辞方式应用范围比较广泛，加上其前后对比十分明显，俗雅共存，可以收到十分幽默的效果。

句法结构的转变和灵活应用，能够给文学作品留下悬念。有时候不清晰的指代关系极易造成读者的误解，而在幽默修辞手法中，这种"错误"反而成为句法结构幽默性的体现，成功地渲染出英语文学的幽默感。比如，在一些英语文学作品中，作者详细阐述了事情的起因、经过和结果，但是最后一句作者抓出了"真凶"，究竟是哪个人造成的这种情况，或者是哪个人因为好心办了坏事都不清楚和明确，这就是由于指代不明而造成的文学幽默和风趣。

比如，"her informed of the interesting event, one sweet old lady was highly delighted."

"I am so glad," she said— "so very glad! And to think that it was all the dear rector's doing."其正是通过句子的句法结构表现文章的幽默，通过指代不明造成幽默的效果。

幽默通常出现在许多出人意料的情境下，很多英语文学作者都喜欢利用意外的结局来收尾，给英语文学作品画上圆满的句号，突如其来的结语或者场景会让人们忍俊不禁。幽默氛围是需要渲染的，作者需要一步一步地引导读者进入提前设置好的"陷阱"或者场景，有时候也需要推翻之前的"假设"。往往前期越平铺直叙，前文越"安静"，后面的转折与幽默效果越能够出奇和成功，前面的平坦是为了后文的幽默做铺垫。比如，在欧·亨利的《警察与赞美诗》一文中，作者笔下的人物苏比为了能够在监狱里过冬而想尽一切办法"捣乱"，但是警察都没有逮捕他，而当他最终觉醒不应该做这么多坏事时，警察反而将其关进了牢房，这样的结局让人哭笑不得而且意味深长，引发读者对社会和自身行为的思考。

英语文学幽默作为英语文学作品中的重要表现手法，对于拉近作者与读者之间的内心距离以及促进双方的情感交流至关重要。比如卓别林的作品给观众带来了深刻的幽默效果，并不是因为他说了多少话，而在于他的言谈举止的风趣和幽默，使观众自然而然地感觉到了他的滑稽，认为其非常亲切。在英语文学作品中，许多作者都是通过幽默的语句来展现人物形象或者描述事物发展，极好地凸显人物和故事特点，有效地拉近读者与作者的心灵距离，引发读者的共鸣。而对于以幽默手法展现出来的对现实社会的残酷或者逆境的讥讽，则会让读者在笑声中品尝苦涩，引发深思。

之所以会产生幽默效果，是因为双方的沟通没有在一个平台上，一方思想或行为与另外一方不一致或者不协调。在欣赏英语文学作品的幽默时，读者需要通过理解人物语言、行为等，用心感知作品中的人物内心世界，努力发现"不一样"，透过幽默看现实，升华精神世界，积极地将不一样的结局与故事发展串联起来，用符合逻辑的方式来探究信息，将出人意料的结局看成是"顺理成章"的，从而感知英语作品的幽默性。文学阅读最重要的一种感受方式便是精神上的领悟，只有从精神上与文学作品融为一体、融会贯通，才能够真正感受文学作品的幽默之处，才能够领悟到文学作品中的真滋味。

《三字经》之所以朗朗上口，容易成诵，就是因为其节奏感极强，十分押韵。现阶段很多的英语口语作品也积极重视阅读的节奏感，在妙语连珠之前做了诸多铺垫，设置了层层悬念，渲染了多个情境，最终再将"包袱"甩给听众，营造了一种较高的幽默氛围。而对于文字性的英语作品而言，作者层层引导、情境带入，最终的目的就是为了让幽默能够通过简明快捷的阅读节奏充分地展示出来。对于英语文学作品来说，作者也同样设置了相应的阅读节奏，而这需要读者细细品味，感受其中如同剥葱头一般的"层层揭示"，最终达到出人意料、沁人心脾的阅读目的。读者在进行英语文学作品阅读的时候，也要通过幽默修辞来感受文学作品的节奏和韵律，通过与作者的共鸣理解作者的写作层次，通过读懂作者幽默修辞的层次性,感受其中的幽默所在,领悟其中的深刻内涵。

英语文学是世界文学史上非常重要的分支,其在文学领域发挥的作用和影响不可低估。同时,我们也必须认识到,对于其幽默作品只有做到学会欣赏,才能够从中发现其璀璨之处,才能够真正达到与作者的心灵相通,从而真正地实现文学艺术领域的相融互动。探究其修辞手法,感受其中幽默韵味是我们学习英语文学作品的重要方法和手段。深入探索和研究幽默修辞,是我们近距离感受英语文学的最佳途径。

三、英语文学话语修辞的认知转喻

作为一种选择最佳语言表达手段传递信息的重要艺术,修辞历来备受研究者们关注。传统的修辞学以研究修辞方法即辞格为中心,也被称为狭义修辞学。近年来,不断有学者进一步拓展修辞研究范畴。如朱玲、李洛枫认为,修辞学在广义层面上研究的范围不仅包括词句,且要向作为话语有机整体的语篇、文本甚至文体的修辞设计伸展。谭学纯也认为,广义修辞学把狭义修辞学注重研究的修辞技巧延伸到了文本层面和认知层面。杨德生认为,应从语篇的角度探讨修辞现象,把文章的谋篇布局也归入修辞范围。综合学者们的研究,可以看出修辞研究范围进一步扩大,在言语表达活动中能起到积极表达效果的一切言语现象都可归入修辞学的研究范围中,我们把这种修辞学称为广义修辞学。

连贯是语篇的生命。正常的语言行为不在于生成单个句子,而在于使用多种句子创造话语和语篇,否则,也难以完成哪怕是最简单的交际任务。因此笔者认为,对文学作品中的修辞研究,不仅要关注单个词句的修辞现象,而且要以整个语篇为中心,探索促进语篇衔接连贯的修辞手法,即遵循广义修辞学的范围来研究文学话语修辞。为说明方便,笔者采用邱文生的修辞分类名称,将修辞分为陌生化修辞，即在语言中为了提高语言的表达效果而有意识地偏离语言和语用的常规辞格，而将辞格以外的修辞手段如寻常词语艺术化现象以及语篇的组织结构形式归为艺术化修辞。

英语文学作品尤其是经典英语短篇小说，以语言细腻、鲜活、凝练为特点，包含大量修辞现象，读者要领略其语言魅力、理解话语含义，就需要对其中的修辞话语做出解读。邱文生认为，应从认知层面看待修辞，它是修辞主体对存在世界的一种符合特定意图的、主体性的审美认知活动。谭学纯认为，修辞话语构建包括双重运作程序：通过修辞认知，激活陌生化的修辞感觉以及通过概念认知，回到熟识化的认知平台。同样，解读修辞话语需要读者付出概念认知的努力，依靠熟识化的经验参照，积极提取文本信息，并创造性地构建信息。那么，是否有一种人类共有的认知机制能够提供心理通道，推进对修辞的识解过程呢？自20世纪90年代以来，认知学界越来越重视转喻作为一种基本认知方式的作用。我们认为，作为一种基本的认知机制，转喻是人类创造和理解语言的基础性工具，也能够对英语文学话语修辞做出阐释。

目前对于英语文学修辞的研究大都集中在归纳和列举文学文本中常见的辞格类型，对于文本中艺术化修辞的研究还比较少，另外更鲜有从认知转喻角度，尤其是高层转喻角度对修辞进行解读的研究。鉴于此，笔者拟从认知转喻的视角解读英语文学话语的修辞现象，以期进一步丰富认知视角下的修辞研究。

Lakoff 和 Johnson 把转喻定义为在一个认知域中的概念映现。他们认为，转喻的基础涉及物理的或因果的联系，包括语言、现实和概念三者内部以及三者之间的邻近关系，由此他们界定了转喻最重要的本质即邻近性。之后 Langacker 提出了认知参照点概念，即某一事物或概念中最突出、最明显、最容易记忆和理解的特性，成为人们认知中的一个参照点，为理解其他相关事物或概念提供心理可及。这揭示了转喻的另一个重要本质——凸显性。Al-Sharafi 认为，转喻是通过邻近或致使关系，用一个词语、一个概念或一个事物代替另一个词语、概念或事物的一个表征过程。综合起来，转喻机制主要依据凸显原则、邻近原则和因果原则来运作，具体表现在部分—整体的相互替代，包括部分代整体、整体代部分以及部分代部分的模式，还有因果的相互替代等。近年来，认知学界对于转喻的研究超越了指称转喻的层面，转喻被越来越多地用于解释间接言语行为、语法中的词类范畴转换、篇章中的连贯等，将转喻思维运用于更抽象的概念层面上，从而形成了高层转喻思维，这为解读英语文学话语修辞提供了更大的阐释空间。

陌生化修辞突破词语使用和搭配的常规，创造出新奇、巧妙的表达。修辞手法如拟人、委婉、幽默、夸张、移就等在文学作品中俯拾皆是，它们有助于勾勒细节、营造氛围、刻画形象等，是文学文本中的亮点，也是文学话语解读的重点。认知转喻的重要认知模式即部分—整体的相互代替以及因果替代提供了由此及彼的心理通道，帮助读者识解辞格含义，领略语言精妙。以下选取欧·亨利的经典短篇小说《最后一片叶子》中的数例加以说明。

例 1：文章第四段用"stalk（悄悄游荡）""icy fingers（冰冷的手指）""strode boldly（明目张胆地踏着大步）""trod slowly（慢慢地践踏）"等词汇描写了十一月肆虐大地的传染性疾病——肺炎。读者可以借助以具体（身体动作、体态）代替整体的转喻思维模式构建起一个狡猾、猖狂又凶残的人的整体形象，也就是肺炎的形象。拟人修辞效果显著，使读者对肺炎的破坏力有深刻的印象，为后文发展奠定基础。

例 2：But whenever my patient begins to count the carriages in her funeral procession I subtract 50 percent from the curative power of medicines. If you will get her to ask one question about the new winter styles in cloak sleeves I will promise you a one-in-five chance for her, instead of one in ten.

在例 2 中，医生在向苏解释琼西的病情时，使用了不同的修辞方法："葬礼上的马车"是"死亡"的委婉表达，而这个委婉语是以具体（送殡的马车）代替整体（葬礼）的典型转喻模式以及以结果（葬礼）代替原因（死亡）的转喻模式共同作用的产物。整句意为如果病人一心想死，那么医生的治疗效果要被大打折扣了。而"问起今冬大衣衣袖的新款"这种幽默说法也源于具体代替整体的转喻思维，转指"对时尚的关注"。因为"对时尚的关注"本身又是"对生活的热爱"的一个具体方面，所以又转喻地表示琼西"对生活的热爱"。医生用各含不同修辞的两句话进行对比，强调了病人自身的求生欲望强弱对于能否康复有重要影响。

例 3：After the doctor had gone Sue went into the workroom and cried a Japanese napkin to a pulp.

在例 3 中，苏听了医生对好友的病情分析后，把"一张日本纸巾哭成了纸浆"，这一夸张的修辞手法也与转喻思维不无关系。以纸巾变成"纸浆"这一结果转指"大量的眼泪"这一原因，把苏为好友的病情落泪不止的情景充分表现出来。

例 4：Besides, I don't want you to keep looking at those silly ivy leaves.

此例中，原本用于形容人的词语"愚蠢的"被移用来形容"藤叶"，属移人于物的移就辞格。琼西在肺炎的折磨下渐渐失去求生的欲望，而她每日躺在床上看着窗外的藤叶也因寒风肆虐而日渐凋落，在她的认知中，那摇摇欲坠的藤叶就代表着自己的命运。苏了解朋友的想法，借"愚蠢的藤叶"转指"琼西的愚蠢想法"，表现了对朋友悲观想法的指责和担忧，这也是转喻思维中的一种常见模式，即用处于同一认知域的一个部分来代替其他部分。

Kaplan 认为，从根本上说，修辞指的是一种思维模式，一个民族或一种文化特有的思维模式和思维序列，会直接体现在语篇的组织结构上。艺术化修辞着眼于文本的整体性，关注文本的组织布局，运用多种修辞手段巧妙建构文本框架，造成令人印象深刻的表达奇效。Al-Sharafi 认为转喻超越词汇层面进入语篇层面，成为语篇衔接手段，有利于谋篇布局、实现语篇的完整性。可以说，认知转喻机制是促进读者解构文本、领会语篇修辞精妙的工具。

重复修辞是指相同的单词、短语或句子在语篇的不同地方重复出现。重复的词句无疑是文本中凸显的部分，认知转喻机制认为凸显的部分即可指代同一认知域中的其他部分或整体。重复所包含的信息是作者着意传达的信息，主要营造印象或突出文本主旨，会对读者做出重要的提示。在一个文本中，若重复的句子贯穿文本始终，那么该重复句主要起到提纲挈领、提示后文的作用，帮助读者未读细节便能迅速预测并抓住文本主旨。

例如，欧·亨利在其著名短篇小说《爱的牺牲》的开篇就写 When one loves one's Art, no service seems too hard.（当一个人热爱他的艺术时，就没有什么做不到的牺牲。）此句即为读者提供下文的线索，即为热爱艺术而做出的牺牲是什么？随后作者又数次在不同地方重复这句话，并随着情节发展，渐渐揭示主人公为艺术所做的牺牲：德丽雅为支持丈夫的绘画梦想，放弃了自己的音乐课程，谎称给一位将军的女儿上音乐课，而实际上却是偷偷去一家洗衣店干烫衬衣的活儿；乔为了让妻子继续学习音乐，恰巧去了同一家洗衣店，在楼下做了烧锅炉的活。重复的句子恰为文章的主旨，其具体表现就是两人不约而同地支持对方追求艺术而牺牲自己的行为。在故事的末尾，当真相被揭穿时，作者借由德丽雅之口，将重复的句子稍作改变，成为：When one loves, no service seems too hard.（当一个人热爱时，就没有什么做不到的牺牲。）凸显他们不但为艺术，更是为爱情而做出牺牲。此时，主旨从"为艺术牺牲"升华为"为爱牺牲"，不但没有丝毫突兀之处，更是与文中这对年轻夫妇为爱奉献的事实形成完美呼应。

语篇是一个内在衔接紧密的整体，经常包含情节的前后呼应。作者需要在文中精心设下重重铺垫以作为伏笔，接下来再安排与之对应的事件或结果。这种层层铺垫的语篇修辞方法常被用于情节类文学作品中，以此增加文本叙事的巧妙。认知转喻的因果关系模式是这种修辞手段的一个重要途径。读者通过以因代果、以果索因的转喻思维，可以迅速捕捉文本重要细节，预测情节发展，并进行因果关系整合，对文本做出正确解读。

以下以凯特·肖邦的名篇《一小时的故事》为例分析转喻对铺垫修辞的解读。

首先，故事的开篇即提到"Mrs. Mallard was afflicted with a heart trouble"，看似不经意地埋下了第一个伏笔，即女主人公马兰德夫人患有心脏病的事实。随后作者精心渲染，在文章的第五段描写了从马兰德夫人的眼中看到的窗外的情景："树梢在新春的气息中兴奋地颤抖着""空气中弥漫着芬芳的雨的气息""数不清的麻雀也在屋檐下叽叽喳喳地唱个不停"。从认知转喻的以部分代整体的模式来分析，这些自然现象可以转指一幅生机勃勃的景象。这显然与故事中女主人公正遭受的丧夫之痛格格不入，从而留下伏笔，引发读者对于女主人公内心真实感受的推想。此后作者在第十段中描写了女主人公情不自禁地发出"自由！自由！自由！"的低语，对第五段的伏笔做出了回应。正如读者可能推想的那样，面对丈夫的死讯，马兰德夫人真实的内心感受是获得了"自由"。一旦这种真实感受被她自己确认并接受，它变得越来越强烈，以至于"她眼睛里充满了胜利的激情，她的举止不知不觉竟像胜利女神一样"。由此文章的另一个重要伏笔清晰若揭：丈夫的死使她获得的是久违的自由感和对新生活的向往。然而，正当她沉浸在新获自由的喜悦中，在文章的末尾，故事突然峰回路转——随着钥匙转动，安然无恙的丈夫进门来了，被正在下楼的她一眼瞧见，她最终因心脏病发作而亡。故事以医生断定她死于大喜而结束，而留给读者的震撼和回味远未结束。此时读者需要联系前文的铺垫,即两个重要伏笔:主人公有心脏疾病,丈夫的死讯带给主人公的解脱感甚于悲痛。这两个伏笔与"死于心脏病"的结果相结合,读者即能明白她的真正死因,并非大喜,而是愿望破灭的巨大心理落差。

总之,要对文学语篇的铺垫修辞做出解读,读者需要留意细节,借助转喻思维以果索因,使伏笔和应笔连接对应,置整个篇章于一个因果整体中,从而产生恍然大悟的感觉,充分领略文学叙事出人意料却又在情理之中的修辞之美。

间接表达是文学作品中的一个常见修辞现象,这是因为作者会根据自己的叙事风格和叙事目的选择和提炼叙事内容。这可能增加了读者的阅读难度,但间接表达使文本在叙事方式上避免平铺直叙的平庸方式,无疑极大地增添了叙事魅力。读者需要借助转喻思维机制补充语篇中的缺省信息,并对间接表达做出合理推理,从而构建完整连贯的情节,领会作者的真实意图。

在毛姆的短篇小说《无所不知先生》的最后,"我"问开拉达先生"珍珠是真的吗",开拉达先生并不直接回答"我"的问题,而是说:"我要有一个漂亮老婆,我决不会自己待在神户而让她一个人在纽约待上一年!"该对话看似答非所问,在形式上并不连贯,但是联系前文信息,读者就能明白间接回答的真实含义。我们注意到,这串珍珠项链是南赛太太的,一位"有一种不同一般味道"的女士。她的丈夫南赛先生与本文主人公开拉达先生有一次为这条项链的真伪展开激烈辩论并以一百美金来打赌。南赛先生相信妻子告诉他的话,坚持这是个赝品,仅值18美元;而自称鉴别珍珠专家的开拉达先生笃定地认为这是价值高昂的真品,但最终开拉达先生当众承认这是假珍珠,并付给对方一百元。谁知第二天一早,有人从门缝往里塞了一个信封,里面正好装的就是一百元钞票。作为目睹这一切的旁观者的"我"不禁对珍珠产生好奇。读者可以借助以结果代原因的转喻思维并结合前文信息探知文本的隐含意义。从前文南赛太太拒绝做珍珠鉴定的行为以及当开拉达先生在鉴定珍珠时她"一副苦苦哀求的神态"中,读者就能推断南赛太太害怕自己的丈夫知道有关这条项链的真相,而最后开拉达先生的言外之意更是印证了这种推断。原来南赛太太在独居的一年中背叛了自己的丈夫,她身上的珍珠项链是情人送的价值高昂的礼物。因此以上的对话在意义上是连贯的,"我"从开拉达先生的回答中明白了他不愿意伤害南赛太太而故意宣称自己原先看走眼了,毁了自己善于甄别珍珠的名声。由此"我"看到了他的善解人意和善良,在故事末尾,"我"改变了一直以来对开拉达先生存有的偏见,变得"不完全讨厌他"了。

转喻已经超越普通的辞格意义,其作为一种基本的认知思维方式的作用日益凸显,它为人们提供心理可及,实现概念映现。转喻能为解读英语文学语篇中的陌生化修辞和艺术化修辞提供有效途径。转喻主要依托邻近、凸显和因果原则发生作用,其主要转喻模式,即部分—整体的相互替代以及以因代果、以果代因的关系,不仅为在句子层面上的常规辞格如拟人、委婉、幽默、夸张、移就等做出阐释,另外还在更抽象的概念和篇章层面上对有助于文本建构的艺术性修辞如重复、铺垫、间接言语行为等提供识解依据,起到提纲挈领、预示情节发展、提示缺省信息、促进文本连贯等重要作用,从而有助于提高人们对文本的整体识解效率。当然,需要注意的是,以转喻思维方式对修辞话语的阐释必须在文本特定的语境中完成。

四、英语文学作品修辞手法欣赏

因为每一篇优秀的文学作品,其语言、文字都是由作者精心构思而成,从而使自己的思想以及现实生活能够展现出来,再加上作者在文字手法上的运用,所以文学作品不仅能够反映现实,同时它也高于现实。文学作品富含的文化气息与底蕴会给阅读者带来极为美好的阅读感受。每一位成功的作家都能够熟练掌控艺术写作手法，然后将自己的写作特色融入其中。作家的不同因而使得文章的修辞风格有所不同，但是无论是何种风格，修辞对于一部成功作品的作用是显而易见的。本节首先简单描述了英语修辞手法，然后就比喻、矛盾以及幽默这三种修辞手法进行了详细的论述。

拟人（Personification）手法，我们从字面上就十分容易理解，即把没有生命的物体或是自然生物比作人来进行描述，赋予其"人"的行为、语言抑或感情，从而使得没有生命的物体或是自然生物更加生动，以便于所要描述的对象能让读者为之动容。例如，Laziness travels so slowly that poverty soon overtakes him. 此处的拟人化在于"laziness"与"poverty"。

反语（Lrony）的手法，通俗地讲就是说反话，想要表达的意思与实际表达的内容是相反的。有的时候，反语比进行正面的论述更加具有说服力，更能够展现褒扬与贬低。此种手法通常是用来反讽，但是在大多情况下都是为了突出一种善意的幽默与俏皮，因而不会在文中进行直接的表述。例如，This hard-working student seldom read more than an hour a week，此处"hard-working"很明显就是反语。

移就（Transferred epithet）此种修辞手法也是常见的，其用途在于将原本是用于描述 A 事物的词语或者句子用以描述 B 事物，而 B 事物本身同用来描述它的词语或句子是不般配的。就逻辑关系的分析原本是不合语言规则的，但是若将其置于一定的语言环境中，却有着非常良好的艺术效果。例如，I was surprised to find him living in such drab and cheerless surroundings, cheerless（不愉快的，阴郁的）通常是用于对人的情感修饰，而此处则将之用来形容 surroundings，从而使得对于 surroundings 的刻画更加生动。

双关（Pun）就如同我们常听到的成语，一语双关。其作用在于可以只用一个词语或一句话便能对事物的两个方面进行描述，抑或是一个词语或一句话中实际上包含两层意思，此种修辞手法的使用会使文章变得更加耐人寻味。双关还可以分为"语意双关"与"谐音双关"。谐音双关利用的是两个完全没关系的词语的同音或者近音，例如，When a woman com plained to her butcher that his sausage tasted like meat at one end, but bread at the other, he replied, "Madam, in these time, no butcher can make both the ends meat. 巧妙地运用了"meet"与"meat"的同音，make both the ends meat 的意思是"两头都是肉"，make both the ends meet 的意思是"收支平衡"，这样一来不仅表达了经商的不易之处，同时还为自己的弄虚作假行为进行辩护。语意双关则是利用一词多义，例如，Why are lawyer all uneasy sleepers? Becsuse they lie first on one's side, and then on other, and remain wide wake all the time. 此句中的语意双关在于"lie"，既可作为"躺"又可以作为"撒谎"。

夸张（Hyperbole）指的是在描述某个事物的时候将其原本的形象与内容夸大，从而表达描述者对该件事物的重视或喜爱等情感，在表现手法上具有很强的艺术性。既然为艺术，即便是不够写实也绝非欺骗。夸张的修辞手法在读者阅读的时候一眼就会发现，同时却也给读者带来了震撼，顺利地引发读者对所修饰的事物展开联想。例如，Vingo sat there stuned, looking at the oak tree. It was covered with yellow handerchiefs—20 of them, 30 of them, many hundreds, a tree that stood like a banner of welcome bilowing in thewind 用夸张手法，充分表达了Vingo 对自己的思念之情。

比喻的修辞手法在中国文学作品中也是极为常见的，比喻的英文 image，其本是源于拉丁文 imago，意思是"肖像""映像""影像"。我们通常对比喻手法的理解是将两个本质不同的事物联系起来，然后从二者之间找出相似点，从而使其中一事物能够借助另一事物形象地表现出来。简单地说就是比喻是对不同事物的相似之处进行比较。值得我们注意的是，比喻必须能够引发人们丰富的想象，如若不然就不可称之为比喻。例如，He looked as if he had just stepped out of my book of fairytales and had passed me o aspirit.（他看上去好像刚从我的童话故事书中走出来，像幽灵一样从我身旁走过去。）通过此种比喻就能够引发读者毫无征兆、情不自禁地去想象"he"是一个怎样的人，竟会如同"spirit"。

比喻这种修辞之所以能够被常用于文学作品之中，主要是因为通过比喻可以使作品更加生动且促使文章的可读性也得到加强。比喻可以分为两类，即明喻与暗喻。明喻是比喻修辞手法的一种基本比喻，其与汉语中的明喻大致相同，对比两种事物或现象之间的相同特点，促使本体与喻体之间的类似之处得以表现。在英文中，常用来进行明喻的单词或短语有：as if, as though, like, 等等。例如，"How like the winter hath my absence been" or "So are you to my thoughts as food to life"，以上两句话源于文艺复兴时期的英国伟大剧作家及诗人莎士比亚，意思是"我的离开好像是冬天来临"或者"你对我的思念就像食物对于生命一样重要"。他以冬天来比喻离开，以"食物之于生命"来比喻"你的思念之于我"的重要性。

就暗喻而言，暗喻通常是用于深厚的情感比喻，因此具有十分深刻与浓厚的感情色彩，让人经过一番深刻、细致的品味之后心灵受到强烈的感染。例如，"Rise, like lions after slumber. In unvan quishable number, shake your chains from you like dew. Which in sleep had fallen on you—You are many—they are few—Shelley."此为著名诗人雪莱对奴隶奋起反抗的鼓励诗句，将觉醒的奴隶比喻成为沉睡中苏醒的雄狮，激励奴隶们昂首挺胸，勇敢地挣脱套在自己身上的枷锁，大胆地同残暴的统治阶级展开斗争。诗中用"lions"进行比喻从而引人深省，进而使奴隶们更加坚定了奋起反抗的信念，这样一来便使文字起到了良好的鼓励作用。

矛盾修辞手法，即 Oxymoron。此种修辞手法主要是通过两个不相调和甚至完全对立的词语来形容文中需要描述的事物。矛盾修辞手法的效果通常十分强烈，进而使得作者想要表达的意思也更加激烈地被反映出来，叙述方式上也不会再显得过于平淡、单调。因为矛盾的修辞手法会给读者带来惊喜，起到引人入胜的效果，所以，矛盾修辞手法在文学作品中的使用也是非常频繁的。

矛盾修辞手法以其对事物内在矛盾与复杂性的体现，从而引发读者进行进一步的思考。英语中的矛盾修辞手法形象且生动，无论是在日常交流还是文学创作中都发挥着重要的作用。概括性地来讲，矛盾修辞手法主要有以下几种功能：

第一，在英语中的谚语以及俗语中使用得比较频繁，以此来含蓄却不失形象地描述生活中难以简单道明的复杂道理，从而起到引人深省和警示世人的效果。例如，"More hate, less speed"，翻译成中文就是"欲速则不达"。在此句英语谚语中，"more"与"less"是一对反义词，通过此种鲜明的对比让人们从中认识到在处理问题的时候要将心态放平和，沉着冷静地解决问题，理性行事才能确保结果的质量。一味地快速追求将会影响到问题处理的最后结果。

第二，矛盾的修辞手法还可以用于对文学作品中语言表现力与感染力的增强，从而使之与平述形成鲜明的对比，让读者在此修辞手法的感染下在感官上接受到新鲜的刺激，在审美上享受到独特的情趣。这样一来，矛盾修辞手法便带来了一种精彩且传神的修辞效果。

第三，既然是矛盾，就不可避免地会有两个对立词义的词语出现，通过二者的对立与矛盾来渲染出文中幽默、诙谐的情感，语言所产生的冲突将带来十分幽默的效果。例如，来自英国的桂冠诗人，Alfred Tennyson 有这样的一句诗：His honor rooted in dishonor stood. And faith unfaithful kept him falsely true. 在此句诗中，作者以 dishonor 来修饰 honor，以 unfaithful 来修饰 faith，以 falsely 来修饰 true，通过这一系列的对立单词，以便于所产生的矛盾修辞效果能够更加鲜明，从而使读者在心中将两个相互矛盾着的事物进行对比，对于作者所要描述的事物将会进一步引发自己的思考，甚至还会引发读者的共鸣。

"幽默"这一词并非汉语中的原创词汇，而是经过时代、文化与语言的变迁，从英文中音译而来，用来形容某个人行为或者某件事物让人觉得有趣，引人发笑却不失内涵。因此，我们在欣赏英语文学作品的同时还要对西方语言文化进行一系列的研究与学习，从而对英语文学作品中常用的幽默修辞手法有一定的了解。如若不然，我们对英语的学习始终是停留在一个肤浅的层面。这时候我们的英语水平就好比我们处于小学的汉语水平，可以用于语言交流、写出简单易懂的文章，但在内容上却有失内涵。随着英语学习时间的推移，我们对英文的掌握不应该只停留在这一层面上，不能因此就觉得满足。英语幽默的表现形式在英语文学作品中有许多种，例如通过对各种不同辞格的运用、文章结局的意外设置等方式来实现幽默的效果。接下来我们就这两种英语幽默的表现形式做一个简单的分析。

第一，以对各种不同辞格运用的幽默表现形式。辞格主要是指言语的主体自觉性地结合语境和目的而违背各种语言规范的一种结果。在文学作品中，有许多作品都会不按照常理出牌，即有意违背规范的语法。这样做的目的在于使文章所表达的思想更加生动，表达的手法更加高明，阅读起来更能激发人们愉快的心情。因此，对各种规范语言的违背是用以制造文章幽默感的一种有效途径。例如，文章所出现的褒义词所表达的意义不一定是褒扬，而是进行反讽，作者真正想表达的是与之相反的意思。这样一来，不仅增添了文章的幽默气息，还会与文章要讽刺的对象形成鲜明的对比，使讽刺力度也随之增加。

第二，以对文章结局进行意外设置的幽默表现形式。有些文学作品从开始一直到文章的中后部分，无论是文章的情节内容还是写作手法都十分的平淡，因为即便是有幽默的成分在其中也是比较常规的，所以读者在阅读文章时对于幽默的内容也会一目了然，无须进行思考。然而，这就犹如暴风雨前的平静，当接下来的信息与读者的这种常规思维发生冲突的时候，接下来在读者之中所产生的幽默效果就正中作者下怀，继而达到预期的结果。例如，美国著名批判现实主义作家欧·亨利的小说《警察与赞美诗》之中，主角苏比想尽各种方法让警察将自己抓走然后关进监狱，从而使自己能够顺利地度过这个寒冷、难熬的冬天，然而最终未能成功。后来，苏比坐在教堂里倾听着赞美诗，发自内心地忏悔并决定痛改前非的时候却又被警察抓进了监狱。在文中，不管主人公想要何种结果，事实却总是与理想相悖。此种幽默的写作手法，背后所隐藏的格调却是悲伤与无奈的。作者借用幽默，实则有着十分强烈的讽刺意味，引发人们对文章更深一步的思考。

在英语文学作品中，修辞学可分为广义修辞学与狭义修辞学。本节所叙述的是狭义的修辞学，实际上英语的修辞手法除了上述的几种，还有换喻、押韵、排比等等，本节主要是描述了矛盾、比喻以及幽默这三种修辞手法，经过分析不难发现，在三种主要修辞手法中实际上涵盖了拟人、反语等修辞手法，就如幽默的修辞手法，拟人、反语以及夸张都是引起幽默的重要手法。当对辞格进行了熟悉的了解后，我们能够更加深刻地了解英语文学作品，不再仅仅停留在语言的翻译上。

第五章 大学英语教学方法的创新研究

第一节 应用现代教育技术转变大学英语教学方法

针对传统大学英语教学中存在的不足,本节结合自身教学经验,进一步提出在应用现代教育技术基础上的新的大学英语教学方法;同时也防止对于多媒体技术的盲目使用,分析了在大学英语中多种多媒体技术的应用,进一步提出在大学英语教学中不同的教育技术应用的最佳状态,为未来的技术英语教学奠定基础,同时也有利于深化大学英语教育教学改革。

在我国的经济和科技水平不断提高的背景下,高等教育取得了突破性进展。不过,随着社会的不断发展进步,人才培养有了更高的要求。特别是对于外语人才的培养来说,它在普及外语工作中扮演着重要的角色,是各个高校都在努力开展的工作。正如大家所知道的,英语是目前世界上使用最广泛的语言,而自从我国加入世界贸易组织以来,很多国外的公司都来我国进行投资,奥运会的成功举办也向世界展示了中国的风采,中国正朝着经济大国努力迈进,正在努力和世界接轨,在世界的大舞台上,中国也将发挥更大的作用。在这一背景下,各个单位对于英语人才的需求增多,同时也对个人的英语听写能力要求也有所提高。本节通过和自身的大学英语教学工作相结合,以实践为基础开展研究,不断反思传统的大学英语教学方法和现代化教学体系中不合理的部分,同时在英语教学实践中应用教育技术,分析不同的教育技术在大学英语教学工作中最合适之处,探索大学英语教学的新的发展途径。

一、传统大学英语教学存在的缺陷

目前的大学英语教学成果是经过历代英语教育者共同努力得来的，所以大学英语的教学经验已经相当丰富，在经验的带领下，培养出了很多高素质的英语人才，不过，当前大学英语教学仍然存在一定的问题，具体来看主要有以下几点：

（一）大学英语教学模式过于单一

大学英语教学一直在努力改革，自2004年教育部组织制定了《大学英语课程教学要求（试行）》以后，我国的大学英语改革不断深入，但是在具体的大学英语教学实践中，仍然以教师作为教学过程的核心，实行的是"满堂灌"的教学模式。在课堂的授课过程中，教师一味地讲解在课文中出现的英语知识，分析课文的语法结构，忽视了学生的主观能动性，不利于激发学生的学习兴趣。

（二）学生在学习过程中缺乏练习

在传统的大学英语教学模式下，学生是被动地接受知识，在课堂学习中，他们只是局限于对知识的记忆，对英语的学习仅局限于背诵层面上，具体的实践练习机会比较少。另外，学生缺乏课堂之外的练习，所以会导致不会说英语的现象，就算学生可以做题，也可以在考试中取得好的成绩，但是不能用英语和人沟通交流。

（三）媒体应用存在形式主义

我国的教育改革正如火如荼地开展着，这在一定程度上冲击了大学英语教学。越来越多的多媒体技术被应用到大学英语教学工作中，不过，很多教师在应用中仅仅发挥了教育技术以下两个方面的作用：第一，教师单纯地向学生展示自己的多媒体应用技术；第二，有效地减轻教师的备课工作量。很多学生发现，教师的课件内容在教材上都有所体现，这样一来，他们认为不仅可以不用记笔记，课也可以不用听，长此以往，所谓的多媒体教学就变成了形式主义。

（四）教与学的观念高度统一

从现在的状况来看，大学英语的教和学是高度统一的，对于每年两次的四、六级考试来说，其规模比较大，而且参加的人数也比较多，有利于全面提高大学生的英语水平，也可以督促学生学习英语。然而，很多高校把教师评优和评职称与学生的四六级成绩结合起来，使很多教师不得已只能把四、六级考试当作指挥棒，仅仅为了培养学生的应试水平。在这一背景下，学生为了通过四、六级考试，用题海战术麻木自己，对于实际运用能力的重视程度不足，因此导致个人的探索能力和实践能力不高。

（五）学生水平存在一定差异，对于教材的理解不够深入

对于大学英语教学来说，它倾向于对词汇的用法和新的、多种表达方式的应用，这就导致了基础较差的学生难以更好地理解教师讲述的内容，长此以往导致学生难以吸收教师所讲授的知识。另外，因为社会上的英语复习资料比较多，有的复习资料过度强调了应试教育的技巧而存在一定的不合理性，就拿一些英语阅读材料来说，有一部分阅读材料误导学生，在学生完全看不懂材料的情形下也能选出正确答案，这无疑会降低学生学习英语的积极性，对学生的实践能力产生不良影响。

二、大学英语教学中寻求现代教育技术媒体的"最佳适用点"

在教育媒体里，现代教育技术媒体是其中关键的一部分，是对19世纪以来人类社会产生的多种科学技术的应用。举例来看，这些科学技术有广播、电视、录音、投影和计算机等等，这些不一样的多媒体有各自的优势和特点，在大学英语教学实践中，它们被应用到多个方面。因此，要寻求多种教育技术最合适的使用点，使各种教育技术可以发挥其最大价值。通过和自身实践相结合，要想使多媒体教育技术的效果最大化，主要应做到以下几个方面：

(一)在进行英语听力、口语练习时，要通过录音媒体辅助开展

对于录音媒体来说，它是在英语教学中应用最广泛的现代媒体教育技术；另外，录音媒体凭借其可控性和操作简单的特点赢得了教师的青睐。通过录音媒体，可以创造多种语境，为学生提供语音范例。另外，录音媒体在操作上比较简单，而且对于录音的教材没有要求，打破了时间和地点的限制，有利于开展情景教学。除此之外，在口语训练的过程中，学生可以把自己的声音录入，通过回放可以发现自己的口语发音存在的不足之处，以便促进自我提高。另外，对于教师来说，可以对于不同水平的学生使用不同的录音教材，开展针对性的训练。

(二)手动操作投影媒体，可以激发学生对单词的学习兴趣

这一媒体不仅可以快速地展现要学习的内容，而且在单词的学习上效果最佳。通过把部分字母去掉的形式，学生可以在游戏中记住单词，有利于加深印象，这在一定程度上也是格式塔学派的完形理论在学习中的巧妙应用，通过遮盖法可以更好地激发学生的学习兴趣，满足自身的求胜心理。另外，手动操作投影媒体可以激发学生的思维和表述的积极性，营造良好的师生互动氛围，除此之外，还可以使学生更好地学习单词，加强记忆，改变了在过去单词学习中的枯燥和乏味，有利于激发学生对单词的学习兴趣。

(三)通过电视媒体开展情境教学，有利于提高学生的听说能力

对于电视媒体来说，它对信息的传递是通过动态的方式形成的，而在英语听说训练中，可以通过形象的情景帮助教师更好地开展教学工作。首先，教师可以通过预先准备好的教学材料来使学生产生身临其境的感觉；其次，教师可以鼓励学生和电视媒体相结合进行分组配音。通过电视媒体的运用可以集中学生的注意力，增强学生的观察力和思维能力，有利于学生开展听说课程。

（四）通过计算机多媒体，有利于培养学生的综合语言能力

使学生可以在听力能力、语言交际能力和阅读能力上取得突破。计算机媒体可以把课本上枯燥乏味的文字变得有生命，充分激励学生更好地开展英语学习活动。另外，学生可以通过听录音、看英文电影、听唱英文歌曲等方法来学习以英语为母语的人的语音和语调，积极改正自身错误的发音，更好地理解一个词语或者一句话在实践中的运用，进一步提高和加强听、说、读、写的英语综合运用能力。

（五）通过计算机网络媒体，进一步提高学生的阅读、写作能力

在现代的生活和学习中，计算机网络已经发展成为关键的信息源，因此，教师要按照教学内容来设计相关问题，使学生在课前借助网络进行预习。另外，教师也可以提供给学生有助于提高自我的网站，积极引导学生拓宽知识面。通过多媒体网络环境，学生可以在真实的直接的英语互动学习环境中提高自我，有利于提高学生获取信息的能力。除此之外，教师可以利用好计算机网络，提供给学生进行阅读和查阅的网络图书馆和电子词典，使学生可以更好地开展学习。举例来看，在互联网上有指导学生写作的网站，利用这些网站，一方面学生可以接触到一些真实的、自然的语言材料；另一方面还有利于拓宽学生的知识面，进一步学习和写作有关的技巧方法。在写作之前，学生要有一定的知识储备，这样其文章就不会显得过于空洞。

在科技水平不断提高和大学英语教育改革不断深入的背景下，越来越多的多媒体教育技术被应用到了教学模式中，本节浅谈几种转变大学英语教学方法的技术作用，为相关研究者提供参考和借鉴。

第二节 促进翻转课堂运用于大学英语教学的方法

翻转课堂是伴随计算机技术发展而出现的新型教学方式，该教学方式的出现

跳出了传统教学思想的束缚，给予学生教学主体地位充分的关注，对于学生学习兴趣及综合能力的提升具有特别大的促进作用。本节简要阐述翻转课堂的内涵，并从当前大学英语教学的实际情况出发，创新性地提出一系列切实可行的方法，以更好地促进翻转课堂在大学英语教学中的运用。

改革开放以来，随着政府对外开放步伐的日渐加快，中国与世界的联系越来越紧密。作为全世界通用的语言，英语受到了许多人的关注。在此种社会环境下，如何提高大学英语教学效率，增强大学生的英语交际能力便成了当前大学英语教学的一大热点话题。"翻转课堂"便是在此种社会环境下伴随网络的进步而慢慢普及的，它摒弃了"满堂灌"式教学法中存在的不足，科学地利用计算机及网络资源，为学生提供一个良好的学习环境，对学生英语能力的提升具有特别大的促进作用。

一、翻转课堂内涵简介

翻转课堂，又名反转课堂。此处所说的反转即颠覆传统教学中以老师为核心、以学生为辅助的模式。在翻转课堂这一教学方式下，学生是教学的主体，而教师仅仅是教学的辅助者。翻转课堂的通用教学流程，即老师把教材的重点、难点及知识点等完美地融合在一起，并制成教学视频，学生在课余时间提前展开知识的预习，借助教学视频展开自主学习的过程。此种知识的传递选用了当下的互联网信息技术，并且在借助视频学习后，学生亦可自行展开在线测试，对自己的知识掌握情况进行检验。当然，在此种教学方式下，老师可以仅充当部分难题的解答者，同时亦可以在课堂上尽可能多地为学生提供彼此交流的机会。总之，翻转课堂为学生提供了自主学习、共同合作的平台，属于一种与时代发展相符的新型教学方式。

二、促进翻转课堂运用于大学英语教学的方法

（一）科学拟定教学规划，创建多方位资源平台

由于翻转课堂囊括视频制作、视频观看及在线测试等一系列构成部分，所以为了确保大学英语教学的有序开展，老师理应拟定恰当的教学规划。具体而言，老师可从如下几方面着手：第一，老师在挑选课前学习视频时，理应顾及学生的差异性，确保所选视频难度与学生的实际水平相符；第二，老师在创作视频过程中，理应重视语言的精准性及可用性，互联网所包含的知识特别多，教师在挑选互联网资料时理应反复筛选及对比，以确保自己创作视频的质量。除了拟定科学的教学规划外，老师还需创建多方位资源共享平台。比方说，老师可创建教学QQ群、微信群，借助此类平台与学生展开在线交流，对学生在学习过程中遇到的疑问进行解答，同时当看到比较好的学习资源时，也可以通过此类平台将资源分享给学生。

（二）选用探究式学习方式，提高学生的英语水平

翻转课堂将学习的主动权交到了学生手中，这对于学生综合素质的提升是特别有利的。鉴于此，老师在进行英语教学时理应紧扣教学核心，科学利用翻转课堂的特性，培养学生自主探究及钻研的能力，促进其英语综合能力的提升。就目前来看，我国绝大多数大学生在英语学习方面存在如下现象：阅读、写作能力较好，听力、口语能力较差。导致此种现象出现的主要原因是传统的"填鸭式"教学法极大地扼杀了学生的学习主动性，所以为了有效地提高学生的英语综合水平，老师在教学时理应采取恰当的措施，以尽可能地提高学生的学习主动性：第一，老师可以有针对性地给学生布置预习任务，倡导学生通过多次观看自己为他们所选视频的方式寻找答案，充分发挥其学习的能动性，提高其听力水平；第二，就提高口语水平而言，

鉴于课堂的某些任务已然通过反复观看预习视频完成了，此种情况下老师便可鼓励学生在分组讨论的过程中积极使用英语，亦可让学生通过角色扮演的方式，把视频里的内容展现出来，力求为其口语能力的提升打下牢固的基础。

（三）创建良好的课堂氛围，积极进行查漏补缺

鉴于良好的课堂氛围对于学生学习主动性、积极性的提升有着非常大的促进作用，且老师在课堂上引导学生所展开的查漏补缺能够让学生对所学的知识有一个全面且透彻的理解，所以在选用翻转课堂实施大学英语知识传授时老师理应做到如下三点：其一，革新传统教学所推崇的课堂理念及氛围，不但需给予学生的教学主体地位充分的关注，亦需尽可能地发挥老师的引导作用，教学时应收放自如，与学生建立良好的师生关系，让学生爱上英语学习，敢于将自己内心的疑惑、问题表达出来；其二，老师应积极引导学生查漏补缺，在碰到预习视频、音频中难以理解，抑或遗漏的知识点时，老师需为学生展开系统的讲解及补充；其三，老师应对学生的学习情况展开总结及评价，指出学生的不足，如此方可有效地促进翻转课堂在大学英语教学中的运用。

作为伴随社会发展而出现的一大新式教学法，翻转课堂与社会的发展需求相符，系教学工作者与时代共同进步的集中体现。此种新式教学法与大学英语教学的融合及实践摆脱了传统教学理念的束缚，给予了学生的教学主体地位应有的关注，极大地促进了学生学习兴趣及主动性的提升，提高了大学生的英语综合学习能力，给大学英语教学注入了全新的血液，为大学生的可持续发展奠定了坚实的基础。

第三节 基于项目驱动教学理念的大学英语教学方法

项目驱动教学方法旨在对学生的自主探究能力、自主学习能力等进行培养，并使其在教师布置的学习任务的引导下，充分发挥其学习积极性。这一教学理论能够满足大学英语教学培养学生英语综合应用能力的教学目的，但是在实际运用中，还需要教师、社会以及学生自身转变角色，为这一教学方法能发挥应有的效果而创造良好的环境。

随着教育体制改革的不断深化，传统的大学英语教学理念已经不能适应发展需要。而项目驱动教学理念建立在建构主义理论的基础上，为大学英语提供了有效的教学方法指导。

一、项目驱动教学方法的基本概述

所谓项目驱动教学方法，即以项目为形式展开教学，教师充分发挥指导角色的作用，指导学生在精心设计的任务下去进行探究性学习的过程。这种教学方法基于建构主义理论，能够调动学生的学习积极性，在教师制订的教学计划下参与教学活动，充分凸显了学生的主体性地位，使其在理论和实践的结合下，提高知识掌握能力，并提升综合素质。

二、基于项目驱动理念的角色转变分析

（一）关于教师角色的转变

在不断深化的教育体制改革下，要求教师转变角色，实现由传统知识传播者向学生学习过程中的协助者、指导者以及共同学习者转变。教师应该积极地磨炼

自身的教学技能，拓宽自身的教学知识体系，不断地寻找问题、提出假设，制订讨论计划与实施方案，选择合理的信息获取与评价方式，与学生共同探索目标知识的问题，共同获得新的理解，展示最终的成果，提高教与学的质量。

（二）关于学生自身的角色转变

在项目驱动理念下的学习过程中，《学记》中提出的"教学相长"理论言明了教与学的相辅相成，学生与教师要相互促进，共同提高。而以往师生之间、学生各自之间都存在明显的知识信息差距，应该鼓励学生与教师共同发挥其才能与专长，创造性地解决问题，并共同展示教与学的良好成果。因此，实现学生角色转变具有一定的合理性。

（三）关于社会角色的转变

在项目驱动理念下，鼓励学生将学习渠道拓展到课堂外和社会中，比如可以从职场人士或者科学家身上获得资源。再加上互联网的迅速发展为学生的课外学习提供了多样化的渠道，使其在获取信息时更加便利。因此，社会在学生的学习过程中也充当着重要的角色。

三、项目驱动教学理念下的大学英语教学方法

（一）创设英语教学情境

语言与生活具有紧密的联系，英语学习最终的目的就是学生在实际生活中能熟练地综合地运用这门语言。因此，大学英语教学应该将英语实际应用能力作为其核心教学目标，实现英语学习的生活化，创设良好的情境，在教师的指导下让学生带着任务融入创设的情境中，直接感受学习语言的过程。比如教师可以针对"Dreams and ideals"这个话题创设情境，采用角色扮演的方式组织学生进行激烈的辩论。

（二）制定项目（确定问题）

在情境创设的氛围中，让学生带着任务，也就是将要解决的问题融入情境中，以其为中心进行学习，使得学生在明确的目标指导下去探究问题，能有效地激发学生的积极性。同时，在解决问题时，还可以增强学生学习的热情与不断探索的好奇心和欲望。教师应该指导学生基于原有的认知结构去解决任务中的问题，在解决问题的过程中挖掘新的知识点，实现新知识与旧知识的有机融合。比如《新视野大学英语》第一单元"Learning a foreign language"，教师可以根据这一课程的中心设置多个问题，如 What are the difficulties in learning a foreign language? What strategies does the author propose? 这些问题的讨论能够为学生的英语学习提供正确的指导。

（三）项目的实施——"自主学习＋协作学习"

项目驱动教学方法主张让学生自主去解决实际问题，并在这个过程中建构起新的英语知识体系。教师要在其中发挥正确的引导作用，适当的时候可以给予学生一些解决问题的基本线索，比如可以参考哪些资料、可以仔细分析哪些情节来获得信息等等，促使学生去自主探究。学生也可以根据其认识水平与兴趣爱好进行任务分工或者分组讨论，在协作学习的过程中解决任务中的问题。学生交流了意见之后，也可以向教师提出自己的问题。教师应该及时为其答疑解惑，适时增强其学习热情与探究兴趣。

（四）项目驱动理念下大学英语教学的评价

项目驱动法提出了学生参与教学评价体系的要求，将过程评价与阶段性评价纳入评价体系中。在项目计划的实施过程中，可在小组内部或者小组之间进行持续的评价，教师也要更新自身固有的教学评价体系，在新视角下看问题。这种评价方式可以实时监控项目计划的实施情况，并利于进行及时适当的调整。学生之间的相互评价可以促使其认识到自身的优缺点，并努力弥补不足，提高能力，充分发挥合作与竞争的相互促进作用。

总而言之，基于项目驱动理念的大学英语教学方法是当下的新型教学方法，能够充分调动学生的学习积极性，提高其语言运用能力，并在自主学习与协作学习中增强自主探究的兴趣与能力，还可以在自身参与评价的过程中找到不足，克服缺点，提高英语学习质量。

第四节 基于思辨能力培养的大学英语教学方法

随着英语课程教学改革的不断深入，对于大学生综合能力的要求不断提高，而思辨能力作为综合能力中尤为重要的能力，被越来越多的教师视作课堂教学中的重要内容，但目前对学生思辨能力的培养仍然很匮乏，具体表现在两个方面：一是教师的教学目标把握不明确，教学体系不够灵活，缺乏对现有资源的合理利用；二是大学生思辨能力缺乏的状况普遍存在，表现在主动性差、学习被动僵化、缺少团队沟通意识等方面。

一、大学英语教学对于思维能力培养存在的问题

（一）教师教学存在的问题

1. 课程体系设计不够灵活

大学英语相较于初高中英语给学生提供了更多的选择性，不再仅仅局限于让学生学习基础知识，而是开设多门教学课程满足学生多样化的兴趣需求。尽管兴趣是最好的老师，但是分门别类的课程仅仅关注学生的兴趣还是远远不够的。首先，大学英语分为必修课与选修课，必修英语通常与初高中课程类似，设计缺乏

个性化；选修英语规定学生自主选择，学生在选择课程时会受课程难易程度、通过率，教师对于出勤率的考察等因素的影响，最终偏离教学体系设计的初衷。其次，由于个人水平的差异，学生的英语水平良莠不齐，如果教师在教学体系的设计上缺乏针对性，那么不同层次的学生将无法得到全面的发展。

2.没有合理利用现有教学资源

大学内的教育教学设备相对初高中来说配备完善，网络资源也很廉价易取，可以满足教师对于学生思维能力培养的需求，但教师在实际教学中仍然沿用传统的教案黑板式教学方法，传统的教学理念无法贴合当下大学生对课程丰富化、趣味化的需求，枯燥无味的课程可能导致学生在学习过程中产生厌恶情绪。

（二）学生自身存在的问题

学生对英语学习不够重视，一般除英语专业的学生对此门功课较为重视外，其他专业的英语课均为公开课，学生对公开课的重视程度不够，这是长期的教学和评判方式所造成的。此外，学生保持初高中英语学习的方法，机械地背诵和记忆课本知识，对英语的学习还停留在简单的单词、句子上，忽略整体的思维逻辑，学生自身对于学习较为功利化，只为考试顺利通过，学习上缺乏主动性，没有探索欲望，这就导致教师在传统教学理念指引上寸步难行。

二、大学英语教学对于思维能力培养的重要性

思维能力是学生受益终身的一种素质能力，启发学生思维能力将会开发学生的逻辑思维，完整的逻辑结构将会使学生更快、更清晰地把握事物，对事物认知能力的增强、思维能力的强化都会大大提升学生的学习效率，学生可以快速将面前的全部资源优化整合、高效运行，学生的自主学习能力和独立性也会增强。

三、如何在大学英语教学中培养思维能力

（一）教育学生从感性认识上升至理性认识

当前学生在英语学习中缺乏理性思考，仅停留在对事物的初步认识当中，即看到什么就表达什么。对于教师教学来说，能够描述发生的现象仅仅是教育教学的初步阶段，若停滞在这一阶段，学生的思维将一直处在表面、浅显的状态，无法深入地认知和了解事物，太为感性是不可取的，教师要引导学生发现事物背后蕴含的本质，了解事物内部间的联系，把握住事物内部间的矛盾，从宏观角度认识事物发展的规律。

（二）教师转变教学观念，提升综合素养

教师的教学观念应该与时俱进，借鉴先进科学的教学方式，突破传统教学中的固有弊病，将素质化教学贯穿于教育始终，不断提高学生的自主能动性，对不同素质的学生采取针对化的教学思路和方式，拒绝千篇一律，鼓励学生个性化发展，注重夯实学生的语言基础，引导学生多视角、跨文化理解教学内容，逐步提升学生的思辨技能；同时教师应充分利用当前可使用的众多资源，利用丰富的网络资源进行教学。

（三）改善评测模式，引进新的评测方式

传统评测模式分为课堂表现、课后考试两个方面。课堂表现又多为对学生出勤率的考察，这样的评测模式无法清楚地了解学生对于课堂知识的掌握情况，且较为单一化。引进新的评测方式，即课堂上评测加课堂后评测的新模式，课堂上对学生的知识掌握情况进行提问检查，结合教学问题布置任务，让学生在课后组成小组团队沟通探讨，课上展现讨论成果，并就具体内容进行阐释讲解，教师可以通过引入思维导图结构，提供关键元素让学生拆分补充，拓展思维导图，如此

可以充分提高学生的自主能动性。

总而言之，对学生的思辨能力进行培养，不仅可以提升当前大学生的社会创新能力，同时也会使教学体系的改革具有社会意义及指导价值。当前，在大学英语教学中，把学生思辨能力的培养与大学教学进行融合，把大学英语知识当作载体，利用思辨能力的培养以及大学英语教学融合的方式，提升学生独立分析以及应对问题的能力，从而提高大学生的英语思辨能力。

第五节　思想政治教育融入大学英语教学的方法

大学教育兼顾智育与德育，教师不仅要教授学生知识，同时要塑造学生的灵魂。传统的大学英语教学仅注重英语知识与文化的讲解，并未把思想政治教育融入其中。实际上，英语课程中的很多内容都可以作为思想政治教育的切入点，在英语教学中很多教师也在不经意地、潜移默化地对学生进行思想政治教育。因此，在大学英语教学中融入思想政治教育是可行的，且有益于学生的全面发展。

大学生在融入社会之前，除了要具备较高的知识水平外，良好的思想道德品质也是十分重要的。当代大学生的特点是思想逐步走向成熟，但还未能完全适应社会的需要。高校思想政治教育主要是通过相关课程完成的，如马克思主义基本原理概论、毛泽东思想和中国特色社会主义概论、思想道德修养等。同时，辅导员对学生的思想政治教育也起着重要的作用。但是，理想的状态是思想政治教育要贯穿学校教育的全过程，即在各个学科中渗透思想政治教育。

很多人认为最不可能渗透思想政治教育的是英语学科，但实际上，大多数英语教师都接受过高等师范教育，掌握心理学、教育学、教师职业能力等专业知识，且很多高校英语教师都是中国共产党党员，他们有能力承担起教书育人的职责。因此，思想政治教育同样可以融入大学英语教学中。

一、在大学英语教学中渗透思想政治教育的可行性分析

首先，大学英语教学的特点有助于教师在授课过程中潜移默化地对学生进行思想政治教育。大学英语课时相对较多，覆盖面广。在大一、大二这个学生世界观、人生观形成的关键时期，十分适宜渗透思想政治教育。同时，大学英语教学内容题材广泛，尤其是西方文化方面的内容在教材中有广泛的体现。在视听说课程中，除了西方文化的听力材料外，新闻英语听力内容中会涉及中国与世界的关系、西方如何看待中国等。翻译练习更是包括中国文化翻译及提升学生民族自豪感和自尊心的内容。这些内容是其他学科不具备的，这也为英语教师提供了思想政治教育的切入点。大学英语教学形式多样，内容丰富多彩，在教学中可以进行分组讨论、辩论、演讲等活动，有利于学生进行中西方思想、政治、文化的对比。

其次，大学英语教材是思想政治教育的辅助材料。教师可以运用英语教材的内容，辅助思想政治教育，帮助学生进一步理解社会主义核心价值观和"四个自信"，培养学生良好的思想道德品质，发展个人综合能力。大学英语文化内容丰富，包括西方文化、中国文化以及文化对比等内容，通过对比可以提升学生的民族自豪感和自信心。

最后，大学英语教师在思想政治教育方面具有专业优势。目前很多英语教师个人专业能力较强，对英、美等西方国家的经济、历史、文化了解透彻，在英语教学中可以充分发挥这一优势，将西方资本主义国家的发展现状客观地介绍给学生，让学生在比较中认识到社会主义制度的优越性，从而自觉抵制西方资本主义腐朽的思想文化，坚定社会主义的道德观，有利于大学生正确世界观、人生观和

价值观的形成。

二、思想政治教育融入大学英语教学的方法和途径

目前大学英语教学主要包括读写课和视听说课。学生自主学习内容包括慕课、线上读书等。教师应在英语教学中寻找思想政治教育的切入点，并将思想政治教育设置在教学目标中，潜移默化地将思想政治教育渗透给学生。

首先，从教材入手，制定教学目标。大学英语教材每个单元都有相应的主题，这些主题往往涉及西方国家的政治、经济、文化等方面的内容，作者是从某个角度对话题进行探讨的。教师在备课过程中，可以将这些知识与我国的政治、经济、文化对应起来，尤其是时事政治，这样就可以解决大学英语中中国文化缺失的问题，即在英语教学中，教师只注重西方文化，而忽略中国文化的现象。在以学生为中心的课堂教学过程中，教师还可以根据教材内容，增加关于中西文化对比的介绍，并设置相关的任务，让学生分组学习并讨论，对比中西方文化的不同，引导学生树立民族自豪感和自信心。

其次，在大学英语四、六级考试辅导中渗透思想政治教育。例如，新闻英语听力，很多新闻是关于西方国家政治、经济等方面的内容，教师可以为学生提供相应的背景材料，增加国外对中国客观评价与看法方面的听力材料，进而提高学生的民族自信心；四、六级的翻译题型均为中国的政治、经济、文化方面的，教师可以通过练习真题，扩展相关材料，同时进行中外对比，增强学生的民族自豪感，使学生在学习语言的同时，提高自身的思想政治觉悟。

最后，拓展大学英语自主学习内容，通过BBC、VOA以及国外网站，增加学生阅读英文时政消息的渠道，获得西方国家对我国正面的、积极的认识与评价，进一步提高学生的民族自豪感与自信心；还可以通过自主学习的方式，加强学生

对时政的了解，并让学生用英语表达对时政的看法，使学生潜移默化地接受思想政治教育。

总之，在大学英语中渗透思想政治教育是可行的。教师应当引导学生在英语学习中重视中国政治文化知识的学习，正确看待西方国家对我国政治、经济、文化发展的评价，在对比中提高自身的民族自豪感，树立正确的思想道德意识，从而成为中国特色的社会主义事业的合格建设者和可靠接班人。

参考文献

[1] 黄文源. 英语新课程教学模式与教学策略 [M]. 上海：上海教育出版社，2004.

[2] 潘景丽，黎茂昌. 新课程中学英语教学理论与实践 [M]. 成都：四川大学出版社，2011.

[3] 乐伟国. 新课程教学素材与方略小学英语 [M]. 宁波：宁波出版社，2006.

[4] 程可拉，邓妍妍，晋学军. 中学英语新课程教学论 [M]. 广州：广东高等教育出版社，2007.

[5] 黎茂昌，潘景丽. 新课程小学英语教学理论与实践 [M]. 成都：四川大学出版社，2011.

[6] 郑秉捷. 中学英语新课程课堂教学案例 [M]. 广州：广东高等教育出版社，2003.

[7] 尹世寅，赵艳华. 新课程：中学英语课堂教学如何改革与创新 [M]. 成都：四川大学出版社，2005.

[8] 高洪德. 高中英语新课程理念与教学实践 [M]. 北京：商务印书馆，2005.

[9] 郭宝仙. 英语课程开发原理与实践 [M]. 上海：上海教育出版社，2015.

[10] 刘春燕. 英语产出能力与课程优化设计研究 [M]. 北京：科学出版社，2016.

[11] 戴小春. 英语专业课程结构优化论 [M]. 北京：北京理工大学出版社，

2011.

[12] 黄胜.新课程标准下的高中英语(必修)教材研究[D].桂林:广西师范大学,2019.

[13] 尚瑞林.新课程标准下的小学英语课程资源开发[D].呼和浩特:内蒙古师范大学,2019.

[14] 廖欣.小学英语教师课程知识生成策略研究[D].西安:陕西师范大学,2019.

[15] 常德萍.高中校本课程英语演讲赏析的调查研究[D].济南:山东师范大学,2019.

[16] 陈燕.中等职业学校英语语音选修课程开发研究[D].宁波:宁波大学,2018.

[17] 宁静.英语新课程改革背景下初中生跨文化交际能力的调查研究[D].淮北:淮北师范大学,2018.

[18] 孙贝.基于具身认知理论的初中英语词汇教学研究[D].重庆:重庆大学,2018.

[19] 谢晓莉.高中英语课程资源的开发及其管理[D].苏州:苏州大学,2017.

[20] 侯琨.基于学习动机理论的英语校本教材开发研究[D].上海:上海师范大学,2017.